풍수,
대한민국

풍수, 대한민국

산과 물로 읽는 **용산 르네상스** 로드맵

김두규 지음

매일경제신문사

일러두기

이 책에는 조선일보 연재물 〈김두규 교수의 國運風水〉의 내용 일부가 수록됐습니다.

※ 차 례

1 풍수가 의식을 바꾼다?

2 한 시간에 끝내는 풍수

3 풍수, 대한민국의 오늘을 말하다

1

풍수가
의식을 바꾼다?

마오쩌둥과 장제스의 풍수 전쟁과 '집무실' 논쟁

윤석열 대통령의 "공간이 의식을 바꾼다"는 말은 맞는 말일까?

"풍수가 의식을 바꾼다"는 말도 맞는 말일까?

둘 다 맞는 말이다!

마오쩌둥毛澤東과 장제스蔣介石의 중국 천하 쟁취를 위한 전투는 음양·풍수에서도 치열했다. 마오쩌둥 조상의 묘가 나라를 세울 명당(개국지지開國之地)이었기 때문이다. 이 소문은 장제스의 귀에 들어갔고, 그는 마오쩌둥 조상의 묘를 파괴하라는 명령을 내렸다. 그러나 선영을 제대로 알려주지 않은 마오毛 집성촌 사람들 때문에 일부만 파괴할 수 있었다. 그래서 훗날 마오쩌둥의 후손들은 절손되다시피 했다.

또 다른 일화가 있다. 마오쩌둥에게는 그의 핵관(핵심 관계자) 왕둥싱汪東興(1916~2015)이 있었다. 본래 별다른 능력이 없었다. 그럼에도 끝까지 마오쩌둥에게 중용되었다. 그는 혁혁한 군공이나 전투 업적이 없었다. 그가 하는 일이란 마오쩌둥의 경호에 절대적 책임을 지는 것이었다. 마오쩌둥의 왕둥싱에 대한 평에서도 엿볼 수 있다. "그는 늘 나와 함께했다. 다른 사람들을 쓰면 내가 안심되지 않는다. 왕둥싱이 곁에 있으면 편하다. 사람은 역시 옛사람이 좋다. … 그의 단점은 이론 수준이 낮다는 것이다. 머리 쓰는 것을 좋아하지 않는다. 그렇다고 해서 무시해서는 안 된다."

마오쩌둥이 왕둥싱이 '머리가 없음'에도 그를 중용한 것에 대한 변명이다. 마오쩌둥은 왜 그를 중용했을까? 그의 이름이 '東(마오쩌둥)을 興(흥)'하게 하는 뜻을 가졌기 때문이었다.

음양·풍수는 장제스가 마오쩌둥보다 더 열렬히 신봉했다. 그는 열 명 이상의 풍수 참모를 늘 대동했다. 어머니가 돌아가셨을 때에는 최고 풍수사였던 샤오시엔肖萱을 찾아갔다. 그리고 길지를 부탁했다. 이때 샤오시엔은 제왕지지帝王之地의 명당을 잡아줬다. 용반호거龍蟠虎踞의 지세, '용이 서리고 호랑이가 웅크린다'는 곳이었다. 덕분에 승승장구한 그는 결국 중화민국의 전권을 장악했다.

하지만 제왕지지 명당에도 불구하고, 이후에 마오쩌둥 군대(홍군) 토벌 전투는 실패를 반복했다. 이에 장제스는 다시 샤오시

중국 난징의 장제스 총통 집무실

엔을 불렀다. 이때 두 사람 사이에 주고받은 대화는 이후 관▢청
사 풍수의 고전이 되었다. 대담 끝에 장제스는 당시 머물던 호북
성 청사 터가 문제가 있다고 판단하고 새로운 곳으로 옮기게 했
다. 당시 지식인들과 언론은 이를 비웃고 비판했다. 그러나 장제
스는 개의치 않았다. 샤오시엔의 자문 내용이 매우 유혹적이었
기 때문이다.

"청사 정문이 무창武昌(무기의 기운이 크다는 뜻 즉, 왕성한 적을
마주하고 있다는 뜻으로 샤오시엔은 풀이함)의 긴 도로와 마주
하고 있습니다. 살기가 가득하여 군사적으로 불리합니다. 다
른 곳으로 옮겨야 합니다. 궁궐, 지방 관청, 종교 건물 그리

고 개인 집에 이르기까지 그 터 잡기에 차이가 있으나 본질적인 것은 음양의 조화를 갖추게 함이 목적입니다. 음양이 조화를 이루지 못하면 흉한 일이 생기지요. 모름지기 관청은 길지를 택해야만 관민官民이 모두 편안해질 것입니다."

집무실이 좋아야 공무원과 국민 모두가 편안해진다. 위 문장에서 언급된 '음양陰陽'이란 풍수를 지칭한 미신처럼 들릴지도 모른다. 그러나 프랑스 건축가 르코르뷔지에Le Corbusier의 언어로 샤오시엔의 주장을 표현한다면 다음과 같을 것이다.

"관청을 짓는 데 건물의 전체 윤곽을 살피되 생동감 있고 통일성을 살리는 것입니다."

'생동감'과 '통일성'이란 바로 '음양의 조화'를 말하고, 이를 꾀하고자 하는 것이 풍수의 목적이다.

왜 장제스와 마오쩌둥은 자신과 자신을 따르는 수십만 대군의 목숨이 걸린 위급한 시절에도 음양·풍수를 따졌을까? 흥망성쇠에 절대적인 영향을 준다고 믿었기 때문이다.

"공간이 의식을 바꾼다!"고 윤석열 대통령이 당선자 시절 말하자 많은 언론과 지식인들은 그런 말이 어디 있냐고 힐난했다. 위에서 장제스의 발언과 그에 대한 동시대 지식인과 언론의 대응이 연상된다. 미국에서 공부한 지식인들에게는 맞는 말이다.

미국은 원래 공간이 없었다. 그들에게는 공간 의식이 없었다. 미국의 도시가 텅 빈 공간에 건설되었기 때문이다. 처음에 이주한 미국인들에게 자신들의 공간은 아무 역사도 없었다. 이후 각 집단들이 자신들의 공간을 만들었고 그래서 지금처럼 이질적인 공간관이 생겨났다.[1]

이는 아무도 살지 않는 맨땅에 공간을 만든 미국에만 해당된다. 오랜 역사를 가진 유럽과 한국에서는 분명 '공간이 의식을 바꾼다.' 노르웨이 건축학자로서 현상학을 건축에 수용한 노베르크-슐츠는 서로 다른 행동은 서로 다른 성격의 장소가 필요하다고 말했다. 거주는 보호의 용도, 사무실은 실용의 용도여야 한다는 것이다. 무도장은 즐거워야 하며, 교회는 엄숙해야 한다. 모든 장소는 그 나름대로의 성격을 지니고 있다는 이야기다.[2]

여기서 등장하는 장소라는 용어와 공간은 좀 다르다. 건축가 르 코르뷔지에에 따르면 '공간은 특정한 장소에 인간에 의해 만들어지는 물체'이다. 그런데 그 공간은 특정한 장소를 전제로 한다. 동일 건축물이라고 하더라도 그가 들어서는 장소가 다르면 전혀 다르게 의식을 결정한다. 청와대 터에 들어선 대통령 집무실과 용산에 들어설 대통령 집무실 공간이 동일하더라도 그 터가 다르기 때문에 인간의 의식에 끼치는 영향은 달라진다.

"공간의 의식을 바꾼다"는 문장은 새로운 조어이다. 비슷한

1   남상희, 《공간과 시간을 통해 본 도시와 생애사 연구》, 한울아카데미, 2011
2   노베르크-슐츠, 《장소의 혼》, 민경호 역, 태림문화사, 1996

13

발언을 오래전 영국 수상 윈스턴 처칠이 영국의사당 건축을 앞두고 말했다. "우리가 집을 짓지만, 집은 우리를 만든다." 즉, 공간이 인간의 의식을 바꾼다는 뜻이다.

어떠한 형태의 건물인가에 따라 그곳에 거주하는 사람의 의식을 바꿀 수 있다? 좀 더 넓은 의미에서 보면 이는 건축가들 사이에서 '기능'과 '형식'에 대한 아주 오래된 논쟁거리이다. 풍수의 본질적 문제이기도 하다. 양택(주택)과 양기陽基(마을·중도대도시·도읍지) 풍수의 고전 《황제택경》의 다음 문장은 '공간이 의식을 바꾼다'와 같은 맥락이다.

> "인간은 집으로 인해 자신의 지위를 확고히 세우고, 집은 사람으로 인해 그 존재 가치를 얻게 되니, 인간과 집이 상조하면 세상을 감통感通시킨다. 그러므로 운명만 믿는 것은 옳지 않다."[3]

'공간이 의식을 바꾼다'와 표현만 달랐을 뿐 거의 같은 뜻이다. 천지를 감동시킨 결과는 무엇을 가져올까? 땅이 좋으면 풀과 나무가 잘 자라듯이, 집이 길하면 그 안에 거주하는 사람이 번영하기 마련이다. 사람의 복은 곧 용모가 빼어난 사람과 같다. 집이 길하다는 것은 집이 누추하더라도 좋은 옷을 입으면 신수

---

3 人因宅而立, 宅因人得存, 人宅相扶, 感通天地, 故不可獨信命也.

가 훤해지는 것과 같다. 명도 짧고 집도 흉하면 못생긴 사람이 누추한 옷을 걸친 것과 같은 꼴이다. 그러므로 자신이 거처할 집은 최대한 신중하게 골라야 한다. 필부필부의 집도 그러할진대 대통령 집무실은 대통령, 국민, 국가의 명운에 직접 관계한다. 더더욱 정성스럽게 터와 건물을 가려야 한다는 것은 너무 당연한 말이다.

윤석열 대통령의 용산 집무실 이전과 한남동 관저 이전은 신축이 아닌 개축 혹은 리모델링이 될 것이다. 따라서 전적으로 해당되지는 않지만, '재관불건아在官不建衙'가 떠오른다. '권력자가 임기 중에 새로운 청사를 짓지 않는다'는 말이다. 재임 중 새로운 청사나 관아를 짓는 사람에게 생기는 불운 때문에 생긴 조어造語이다. 후술할 조선의 광해군은 기존의 궁궐을 버리고 인왕산에 궁궐 두 개(경희궁과 인경궁)를 짓다가 실각한 것이 대표적이다. 본래 '재관불건아'설은 19세기 말과 20세기 초, 중국 권력자의 사례를 두고 생겨난 말이다.

태평천국(1851~1864, 중국에서 14년간 지속된 독립국가)을 세우고 난징南京에 도읍을 정한 홍수전은 토목공사를 크게 일으켜 천조궁전天朝宮殿을 만들었으나 얼마 후 병사했다. 홍수전을 격파한 兩江(양강)총독 증국번曾國藩은 천조궁전을 파괴하고 그 자리에 양강총독청사를 새로 지었다. 그는 그곳에서 죽었다. 1931년 장제스가 국민정부의 주석을 사임하자 그 뒤를 이은 린썬林森은 주석 취임 직후 청사를 다시 지었다. 청사 이름은 그의 호를 따 자초

루子超樓라 이름 지었다. 그러나 그가 주석 재임 시 중국의 운명은 더욱 비참해졌으며 이후 그가 교통사고로 사망하자 그것이 '재관불건아' 설로 널리 퍼지게 되었다.

풍수가 의식을 지배했나?

'공간이 의식을 바꾼다'는 절대 명제에 따라 대통령 집무실을 옮기려는 계획에 한 언론사는 "풍수가 의식을 지배했나?"라고 비판했다.[4] 이를 두고 사람들은 "무식한 귀신, 부적도 몰라본다!"고 말한다.

그 언론사의 논조는 '풍수가 의식을 지배할 수 없다!'는 전제에서 출발한다. 한국의 진보 매체나 지식인다운 서구 중심적 eurocentrism 사고와 오리엔탈리즘적orientalism 발상이다. 전자는 서유럽이 걸었던 역사 과정을 정상적인 것으로 보고 그 밖의 것은 후진적으로 본다. 후자는 서구인의 우월적 관점에서 바라본 동양에 관한 지식 체계를 말한다. 동양 지식인이 서구 지식인의 사고에 훈습된 것이다.

"무식한 귀신, 부적도 몰라본다"는 말에서 '부적'이란 특정 공동체가 공유·인정하는 '문화'의 하나다. 타자에게 '미신'이지만

---

4   손원제, "풍수가 의식을 지배했나? 윤 당선자 졸속·불통에 '역풍' [논썰]", 《한겨레신문》, 2022년 3월 26일

해당 공동체에는 소중한 문화다. 타자인 서구인이 동양 문화를 바라보는 데도 일정한 '무식'이 전제된다. 그 대표적인 것이 서구 중심주의와 오리엔탈리즘이다. 그런데 문화에 대해서는 어느 것이 더 우월하다고 단정할 수 없다. 그 땅만의 풍토와 역사에서 형성된 문화에는 저마다 존재 가치가 있다. 풍수 역시 서구 지식에 세례받은 이들에게 '미신'으로 무시당하고 멸시당한다. 일찍이 시인 김지하 선생은 이를 통렬히 비판했다. 현대 한국 지식인들은 풍수학에 대해 오래 전부터 불신감을 보였다. 이유는 그들이 대체로 서구적 학문을 기반하고 있으며, 서양학이 크게 작용하는 데 기인한다. 이는 반성해야 하는 문제다.[5]

1930년대, 일본 민속학자인 무라야마 지준村山智順은 "한국 문화는 예부터 그 땅에 터를 잡고 살아온 사람들에 의해 만들어진 것이기에 그 문화를 이해하려면 그들의 사상과 신앙을 살펴봐야 한다"고 했다. 그는 그 가운데 하나로 풍수를 꼽았다. 풍수가 한반도에서 십수 세기 동안 한국 민속 신앙 체계에서 확고한 지위를 차지해왔기 때문에 그 영향력이 아주 클 수밖에 없다는 것이다. 따라서 "풍수가 의식을 지배한다"는 명제는 절대적 진리이다.

'언어'가 다르면 인식하는 내용이 달라진다. 인식하는 내용이 달라지면 행동양식이 달라질 수밖에 없다. 한국에서 태어나 한국어를 읽히고, 한국어로 그 땅의 문화를 체득한 사람이라면 오

5 　김지하,《생명학》, 화남출판사, 2003

랜 전통문화로서 풍수로부터 자유롭지 못하다. 무라야마 지준의 주장이기도 하지만 동양의 보편적 사고이다. 또한 중국 지식인 양계초梁啓超도 같은 생각이다.

"이 땅에 태어난 사람, 그 바람 소리風 듣고, 그 물水을 마시고, 그 하나의 실마리를 얻게 되면, 능히 탁월한 모습으로 스스로를 세울 것이다."[6]

이 문장에 대해 후대의 지식인 위치우위余秋雨는 다음과 같이 덧붙였다.

"내가 삶의 실마리를 얻어야 하는 그 땅의 풍風과 그 땅의 물流이란 도대체 무엇일까? … 고향 산천과 대지, 풍토와 인정으로 보이지 않게 오랫동안 이어져 내려오는 것이다."[7]

이러한 전통 풍수 관념은 중국의 CEO들에게서는 결코 없어서는 안 될 경영의 핵심 요소이다.

6 生斯邦者, 闻其风, 汲其流, 得其一绪则足以卓然自树立.
7 到了故乡的山水大地、风土人情, 无形而悠长

중국 CEO의 풍수관

중국 최고 부호로 알려진 리자청李嘉誠은 높은 존경을 받는 인물이다. 그가 전형적인 자수성가의 표본이기 때문이다. 온갖 역경을 겪으며 살았던 그다. 하지만 그 역경을 모두 물리치고 '다국적기업의 황제', '세계 화상華商 중 가장 성공한 사업가', '성공과 기적의 대명사' 등의 아낌없는 찬사를 받는다. 이런 그에게 풍수는 어떤 의미가 있을까? 그는 이렇게 말한다.

> "사람들이 풍수를 믿어도 좋지만 결국 일이란 것은 사람의 노력에 달렸다事在人爲."

언뜻 풍수를 중시하지 않는 발언처럼 보인다. 그러나 그가 '집무실'을 지을 때는 어떠했을까? 필자는 직접 확인하기 위하여 몇 년 전(코로나19 이전)에 홍콩의 본사 청쿵실업長江實業을 답사했다. 청쿵실업은 리자청의 핵심 기업이며 그의 집무실이 있는 곳이다. 풍수를 중시하지 않는 듯한 발언과는 다르게 그의 집무실이 있는 곳은 전형적인 풍수지리를 반영한 공간에 위치했다. 청쿵실업 빌딩 뒤에 조성된 청쿵공원과 빌딩 옆의 인공 연못만 봐도 이를 알 수 있었다. 이곳은 시민들에게 개방된 작은 공원으로 흙과 바위, 초목으로 산이 조성되어 있고, 그 사이로 물이 흐른다.

공원 인근에 조성된 그리 크지 않은 장방형 연못에는 작은 섬이 세 개가 있는데, 그 섬에는 나무가 한 그루씩 있다. 중국 전통 원림園林 수법 중 하나인 '일지삼산一池三山(하나의 연못에 세 개의 산)'의 형세다. 진시황 이래 중국의 수많은 황제가 추구했던 '바다 가운데에 세 개의 산(영주, 봉래, 방장산)이 있어 그곳에 사는 신선들은 늙지도, 죽지도 않는다'는 전설적인 세계를 구현한 것이다. 모두 풍수지리가 반영된 공간들이다.

이를 조금 더 면밀히 살펴보자. 11세기 일본의 정원 및 풍수에 관한 책《사쿠테이키》는 산을 임금으로, 물을 인민으로 보았고, 현대의 풍수는 이를 각각 인물과 재물을 주관하는 것으로 보는데, 이 연못은 전형적으로 그 모습을 반영하고 있다. 즉, 권력과 재물, 그리고 불로불사不老不死를 기원하는 배치라는 의미다.

그것이 전부가 아니다. 이 '집무실'이 지어질 때의 일이다. 그는 풍수사 채백려蔡伯勵[8]를 초빙했다. 그리고 담당 건축가에게 말했다.

"건축법규와 풍수사 말씀을 따르세요."

그런데 리자청 '집무실'이 들어설 터 주변 환경에 문제가 있었

---

8 蔡伯勵(1922~2018년): 중국 광동성(廣東省) 출신으로 홍콩에서 활동한 천문지리(풍수)가. 저서로《七政經緯曆書》이 있다. 2013년에 광동성 정부로부터 '비물질문화유산(비물질문화유산)'으로 지정될 만큼 홍콩과 중국에서 큰 영향력을 끼쳤다.

다. 청쿵실업이 들어설 곳 양옆에는 이미 중국의 거대 은행, 중국은행(Bank of China, 367.4미터)과 홍콩상하이은행(HSBC, 180미터)이 있었으며 이 두 건물은 '풍수대전風水大戰' 중이었다. 맨 처음 이곳에 터를 잡고 건물을 지은 건 홍콩상하이은행이었다. 홍콩이 중국에 반환된 뒤 중국은행은 거기서 좀 떨어진 곳에 사옥을 신축하고자 했다. 이때 건축설계를 맡은 이는 중국 출신으로 미국에서 활동하던 아이 엠 페이I. M. Pei[9]였다. 아이 엠 페이는 건축계의 노벨상이라 불린 프리츠커상 수상자로서 세계적 건축가였다.

그가 중국은행으로부터 홍콩사옥 설계를 의뢰받았을 때의 일이다. 그때 그는 세 가지 즉, 건축 비용, 지리적 위치, 풍수를 고려했다. 지리적 위치와 풍수는 비슷한 개념이므로 결국은 건축 비용과 풍수 두 가지가 설계의 핵심 사항이었다. 그는 중국은행뿐만 아니라 홍콩의 번영과 중국인들의 포부를 형상화하고자 했다. 그가 풍수를 참고한 것은 '풍수를 잘 모르지만 풍수에 어떤 이치가 있다는 것을 믿었기' 때문이었다. 그리하여 완성된 설계안은 우후춘순雨後春筍 즉, '봄비 내린 뒤의 죽순'이었다. 중국은행뿐만 아니라 중국이 죽순 자라듯 번창하기를 바라는 마음이었다.

문제가 발생했다. 우후춘순을 형상화한 중국은행 사옥의 모습이 죽순이 아니라 창처럼 보인 것이다. 그 창은 홍콩상하이은

---

9 I. M. Pei(1917~2015년): 중국계 미국인 건축가. 1917년일 중국 광저우에서 유복한 가정에서 태어났다. 그의 아버지는 은행가로 이후 중국은행 은행장과 중국중앙은행 총재를 역임했다. 18세에 미국으로 이주하여 펜실베이니아 대학교에서 건축을 공부하였고, 1940년 매사추세츠 공과대학교, 하버드대학교 디자인 대학원에 수학했다. 1954년에 미국 국적을 취득하였으며, 1983년 건축계의 노벨상이라 불리는 프리츠커상을 수상했다.

리자청의 청쿵실업 본사(가운데)와 양옆 두 은행의 풍수 싸움

행을 위협적으로 찌르고 있었다. 화가 난 홍콩상하이은행은 옥
상에 대포처럼 생긴 조각품 두 대를 설치하여 중국은행을 겨누
게 했다. 대포로 중국은행을 쏴버리겠다는 의도였다. 중국은행은
창槍 모양이고, 홍콩상하이은행은 대포大砲처럼 생긴 것. 서로 겨
누는 이 둘 중간에 리자청은 청쿵실업 건물을 짓고자 한 것이다.

그는 왜 굳이 두 건물이 풍수 전쟁을 벌이는 그곳에 끼어들려
고 했을까? 답은 간단하다. 그 일대가 홍콩에서 풍수상 가장 길
지였기 때문이다. 바로 앞에 바다가 있다. '물이 있어야 돈이 들
어온다'는 풍수설에 따라 잡힌 터이다. 맨 처음 이곳에 HSBC가
사옥을 지을 때 당국과 협의한 것이 사옥과 마주하는 바다 사이
에 아무 건물도 못 들어서게 한 것이었다. 풍수상 물은 재물을

의미하는데, 사옥과 바다 사이에 다른 건물이 들어서면 재물운이 막힌다고 생각했기 때문이다.

문제는 중국은행과 청쿵실업 사옥이 HSBC 앞이 아닌 옆에 들어섰다는 점이다. HSBC도 이점을 간과한 것이다. 리자청이 초빙한 풍수사 채백려는 건축사에게 이와 같이 자문했다.

"홍콩상하이은행과 중국은행 양측 건물의 꼭대기를 잇는 가상의 선을 긋고, 그 선에 닿지 않을 정도의 높이(283미터)까지만 빌딩을 짓도록 하시오. 두 건물이 서로 으르렁대는 틈에서 건물의 높이를 낮추어 싸움에서 빠지시오. 청쿵실업 건물 층 몇 개를 공실로 비워 홍콩상하이은행이 쏘는 대포알이 지나가게 하시오. 또 청쿵실업 건물 외벽을 5센티미터 철강으로 비계처럼 둘러쳐서 중국은행이란 창이 찌르는 것을 막게 하시오."

리자청은 철저하게 풍수를 활용했다. 홍콩, 상하이뿐만 아니라 세계 곳곳에 활동하는 중국 기업가華商들의 풍수 관념은 세뇌되었다. 홍콩에서 오랫동안 금융인으로 활동했던 남종원 연세대 객원교수는 이와 같이 말했다.

"홍콩 금융인들에게 풍수는 절대적 신앙이다. 주변 환경을 해치는 이상한 건물이 들어서면 아예 사무실을 이전해버린다. 여의치 않을 경우, 거울을 구해 살기를 뿜는 건물을 향해 배치한다. 홍콩에서 거울이 잘 팔리는 이유이다."

따라서 '풍수가 의식을 지배한다'는 말은 진실이다. '공간이 의식을 바꾼다'는 말도, '풍수가 의식을 지배한다'는 말도 동아시아에서는 타당한 언술이다. 그것은 '부적'이다. 무식한 귀신만 부적을 몰라볼 뿐이다. 손해는 누가 볼까? 바로 이 점에서 나중에 소개할 트럼프 전 미국 대통령은 동아시아의 '부적' 효능을 알아본 탁월한 천재였다.

윤석열 대통령 당선은 '무속의 승리?'

"풍수가 안보를 이겼다."
언론인 김종구 전 편집인[10]은 새 대통령의 용산 국방부에로의 집무실 이전 계획을 두고 이렇게 평했다.

"윤 당선인 부부의 지난 행적을 보면 중요한 고비마다 역술인·무속인 등의 '컨설팅'을 받은 흔적이 역력한데 청와대 이전에 대해서도 강력한 조언을 받았을 가능성이 짙다. 이재

---

10 전 한겨레신문 편집인

오 국민의힘 상임고문 역시 '누가 봐도 용산으로 간다는 것은 풍수지리설을 믿는 것'이라며 '개인 살림집을 옮기는 게 아니라 대통령의 집무실을 옮기는데 무슨 풍수지리설 따라가듯이 용산으로, 그렇게 하면 안 된다'고 개탄했다."

김종구 씨는 윤석열 대통령을 두고 '풍수의 승리'라고 표현하면서, 문제점을 지적했다.

"청와대를 국방부로 이전하는 것의 문제점을 일일이 꼽자면 한이 없다. 아무리 따져봐도 합리성보다는 비합리성이 두드러진다. 결국 풍수지리적 연관성 문제로 귀결될 수밖에 없다."

참고로 그도 풍수에 대해서 일가견이 있다. 그는 한 일간지 기자 시절 풍수와 관련한 기사들을 쓰기도 했다. 또 편집국장 때는 이명박 대통령의 국장단 청와대 초청 만찬에서 유우익 당시 비서실장과 '대통령 관저 풍수'에 대해 논쟁을 벌일 정도였다(그때도 대통령 관저가 불길하다는 소문이 돌았고, 대통령도 관저에서 자지 않고 다른 곳에서 잤다는 소문이 있었다. 그는 이 문제를 거론하면서 유우익 비서실장과 논쟁을 한 것이다).

새 대통령이 청와대 집무실 탈출을 강행하는 이유는 무엇일까? 왜 그는 공약 '광화문시대'를 포기하고 '용산(집무실)과 한남동(관저)'으로 가려고 할까?

내적인 요인과 외적인 요인이 있다. 내적 요인으로는 김종구 씨의 지적대로 윤 당선인 부부가 풍수와 무속에 연관됐다는 설도 배재할 수는 없지만, 이것만으로 충분하지 않다. 문재인 정부가 '청와대 탈출에 대한 정당성'을 부여해주었다. 무슨 말인가? 2017년 10월, 문재인 대통령의 친구이자 국가건축정책위원회 위원장을 맡고 있던 승효상 건축가는 청와대 상춘포럼에서 "청와대 터가 풍수상 문제가 되니 옮겨야 한다"고 했다(최근 그는 이런 말을 한 적이 없다고 했다. 그러나 당시 언론은 이 문장을 인용·보도했다). 그때 처음 제기된 것이 아니다. 문재인 대통령 취임 후 그의 공약에 맞추어 '광화문대통령시대위원회'가 꾸려졌다. 행안부는 이를 위해 전폭적인 행정 지원을 했다(당시 행안부 차관의 증언). 그런데 2019년 1월, 유홍준 위원(전 문화재청장)은 춘추관에서 공약 파기를 발표했다.

"청와대 주요 기능을 대체할 부지를 광화문 인근에서 찾을 수 없다. 그러나 풍수상 불길한 점을 생각할 때 옮겨야 마땅하다."

불길한 발언이었다. 두 번째 문장은 불필요한 언사였다. 필자는 노무현 대통령 재임 시절 청와대 강의를 시작으로 신행정수도 이전건설추진위 자문위원(2003~2006년)으로 활동한 이래 20년 동안 이 문제를 천착했다.

"청와대 터가 풍수상 나쁘다!"라고 문재인 정부의 광화문시대 위원회가 공언을 해버린 것이다. 청와대 터가 나쁘다는데, 새 대통령이 굳이 그 나쁜 터에 들어가고 싶을까?

왜 대통령 집무실 이전이 역대 대선 후보자들의 공약이 되었을까?

첫째, 청와대 본관이 협소하기 때문이다. 본관의 협소함에 대해 김영삼 대통령 정부 때 측근 정재문 외교통상위원장은 대통령에게 "고층건물로 신축하자!"고 진지하게 제안을 했다. 그러나 시행되지 않았다. 김영삼 대통령은 '공간의 중요성'을 알지 못했다. 정재문 당시 위원장은 풍수에 대한 정확한 이해와 '공간의 중요성'을 알고 있었기에 진지하게 제안을 한 것이지만 실현되지 않았다.

둘째, 본관, 비서실, 관저가 서로 멀리 떨어져 있기 때문이다.

셋째, 경복궁 뒤쪽에 푹 박혀 있어 소통이 부족하다는 것이다. 그러나 본질적 문제는 풍수였다.

넷째, 대통령 관저의 문제 때문이다. 그 터가 집터라기보다는 절터로 적당하다는 중론이다. 박근혜 정부 당시 춘추관장을 했던 육동인 박사는 대통령 관저에 대해 "관저에서 숭례문 대로가 빤히 바라다 보인다. 왠지 불편하다"라고 소회를 밝혔다. 직업학 박사이기도 한 육 박사는 풍수에 대해서도 조예가 깊다. 풍수에서 집 앞으로 물이나 도로가 일직선으로 뻗어 나가면(T자 모양) '원진살'이라 하여 꺼린다. 풍수의 나라 중국인들은 결코 주거공간으로 취하지 않는다. 이 경우 대통령 관저를 청와대 터 내부 다른 곳으로 옮기면 된다. 미국 백악관은 집무실, 비서실, 관저가 한 건물에 있다. 이를 참고하면 된다.

분명 청와대 내 공간 배치에 몇몇 단점이 있다. 그것이 풍수상 문제가 될 수 있을까? 정녕 청와대는 흉지일까? 김종인 국민의힘 전 비대위원장은 2022년 1월에 출간한 《왜 대통령은 실패하는가?》에서 대통령 실패의 구조적 문제(대통령제)를 지적했다. 청와대 터의 문제가 아닐 수도 있다.

대통령 집무실 이전이 공론화된 지금, 풍수적으로 진지한 논의가 있어야 한다. 청와대 터가 풍수상 문제가 없다더라도, 또 다른 풍수학적 관점에서 청와대 터를 벗어나는 것도 진지하게 생각해볼 수 있다. 세계경제 10대 대국의 2022년 현재 대한민국 국력을 고려하면 말이다. 왜 그러한가?

산에서 평지로 그리고 바닷가로
대통령 집무실을 옮김이 옳다

국력이 강해짐에 비례하여 산간지역에서 평지로 그리고 바닷가로 도읍지를 옮겨야 한다. 풍수서들의 공통된 의견이다.

이를 고산룡高山龍 → 평지룡平支龍 → 평양룡平洋龍 단계로 구분한다(평지룡을 平壤龍이라고도 하는데, 그 뒤의 平洋龍(평양룡)과 발음이 같아 여기서는 平壤龍 대신 平支龍을 쓰기로 한다).

고산룡이란 산간분지에 만드는 터를 말한다. 국력이 약하여 외적에 방어능력이 없을 때 사방이 산으로 둘러싸인 분지에 도읍을 정하는 것은 당연한 일이다. 고려 말 왜구와 홍건적의 침입으로 개경까지 함락되었다. 고려를 멸망시킨 조선왕조는 좀 더 안전한 산간분지를 찾아 도읍지를 정했다. 다름 아닌 한양(현 사대문안) 터이다.

국력이 외적을 막아낼 만큼 강할 때는 평지에 도읍을 정함이 옳다. 그러나 이때 반드시 요구되는 것이 횡수橫水 즉, 빗겨 지르는 강이 필요하다. 용산이 바로 그와 같은 땅이다. 한강이 횡수에 해당한다. 이를 바탕으로 세계 패권국가가 되려면 바닷가에 도읍을 정해야 한다. 이것이 바로 평양룡이다. 산간분지에서 평야를 거쳐 바닷가로 국가의 활동 무대가 바뀌어야 국가가 흥성한다. 풍수 지론이다. 동아시아 풍수만의 주장이 아니다.

독일 철학자 헤겔Hegel은 《역사철학》에서 "특정 민족의 유형과 성격은 그 지리적 위치의 자연유형Naturtypus에 따라 규정된다"고 했다. 이러한 자연유형은 세 가지로 분류된다. 고원(초원)지대, 평야지대, 해안지대가 바로 그것이다. 여기서 해안지대를 눈여겨볼 필요가 있다. 오직 해안지대만이 무역을 발달하게 하고, 사람들에게 정복욕, 모험심, 용기, 지혜 등을 심어주어 궁극적으로 인간(시민)의 자유를 자각하게 해준다고 했다. 국가의 핵심지를 어디에 정하느냐에 따라 국가의 흥망성쇠, 그리고 국민의 자유의식이 달라질 수 있다는 말이다.

19세기 말 독일 지리학자 라첼F. Ratzel 역시 바다는 해양민족의 대담성과 거시적 안목을 심어준다고 했다. 자본주의 발달 이후 유럽에서는 경쟁적으로 그 패권국이 바뀌었다. 포르투갈, 스페인, 네덜란드, 영국 등이 한때 패권을 차지했다. 그러나 패권을 차지하고자 했던 프랑스만은 끝내 제국을 이루지 못했다(나폴레옹도 실패했다). 프랑스가 해양국가로 나아가지 못했기 때문이다.

이처럼 해양국가를 지향해야 세계제국이 될 수 있음을 역사가 가르쳐준다. 특히 한 나라의 수도가 분지에 있는가, 해안에 있는가는 앞으로 그 나라의 흥망성쇠에 더 많은 영향을 줄 것이다.

지금 우리의 수도는 어떠한가? 포화상태가 된 서울이 과연 미래 세계 대국의 수도가 될 수 있을까? 남북통일 후 수도로서 그 기능을 감당할 수 있을까? 국운을 크게 진작시키기 위해서 장차 천도는 필연이다. 새로운 세계 강국으로서 대한민국의 새로운 수도는 어디여야 할까? 정치도시 워싱턴과 경제도시 뉴욕이 한국에도 필요한 시점이다.

대한민국이 이제 세계경제 10대 대국, 군사 6대 강국, 문화 최강국인 지금 산간분지인 서울(사대문안)을 벗어나 바닷가로 도읍지를 정해야 고구려 이후 세계 강국이 될 수 있다. 이런 의미에서 일본은 일찍이 세계 제국의 맹아를 가지고 있었다.

일본의 역사서 《일본서기》에는 한반도로부터 풍수를 수용했다고 했고, 지금의 일본학자들도 이를 인정하고 있다. 그런데 일본은 언제부턴가 우리와는 다른 풍수관을 가지게 되었다. 그들은 물길 중심의 풍수관에 만족하지 않고, 도읍지 자체를 산간분지(아스카, 나라, 교토)에서 바닷가로 옮기고자 했다. 도요토미 히데요시의 근거지 오사카와 그의 후임자 도쿠가와 이에야스의 근거지였던 에도(지금의 도쿄)가 바닷가인 점만 봐도 변화한 풍수관을 확실히 알 수 있다.

19세기 일본의 '자기의식Selbstbewusstsein'은 더욱 뚜렷해진다. 1868년 메이지 유신 직후 일본은 천도를 논의했다. 후보지로서 기존의 교토, 오사카, 에도(지금의 도쿄) 등이 떠올랐다. 이때 정치인 마에지마 히소카前島密, 산죠 사네토미三条実美 등은 '수운水運의 장래성, 뛰어난 지세地勢, 국운의 홍성' 등을 이유로 에도(도쿄)를 관철했다. 오사카도 훌륭한 항구도시이기는 하나 큰 배가 드나들기에는 부적합하다는 이유로 탈락시켰다. 그들이 말하는 탈아입구脫亞入歐 즉, '세계화'를 염두에 둔 천도였다. 그리고 성공했다.

한 나라의 건국 시조(태조)는 천 년 사직을 염두에 두고, 한 기업의 창업주는 오백 년 기업을 생각한다. 당연, 후손들이 딛고 일어서야 할 터를 생각하지 않을 수 없다. 그래서 생겨난 동아시아 터 잡기 예술이 풍수이다. 풍수風水는 문자 그대로 바람과 물이다. 바람은 잡을 수도 볼 수도 없어서 논하기 어렵다. 반면 물은 볼 수도 있거니와 만져볼 수도 있어 구체적이다.

1960년대 박정희 전 대통령의 최대 화두는 근대화Modernization였다. 세계 최빈국으로 북한보다 못 살았던 남한을 '아시아의 새끼 호랑이'로 만들었다. 1908년 최남선이 주창했던 한반도 맹호론猛虎論이 한갓 허풍이 아님을 역사로 보여준 것이다. 60여 년 만의 일이다. 한 사람의 인생에서 보면 긴 세월이지만 민족의 입장에서 보면 그리 긴 시간이 아니다.

지금 우리 시대의 화두는 세계화Globalization이다. 세계화란 전 세계가 하나의 자본주의 시장이 되며 저마다 자국의 부를 늘려가고자 함을 말한다. 그런데 지금 우리는 경제와 문화에서는 세계화가 되었으나, 정치 분야를 보면 한없이 미흡한 실정이다. 대통령들의 말로는 불운했고, 정치인들의 언행은 유치하기 짝이 없다.

역사적 큰 흐름에서 본다면 대통령이 고산룡과 평양룡의 중간인 평지룡으로 대통령 집무실을 옮긴다는 것은 바닷가로 도읍지를 옮겨야 한다는 것에 비해서는 미흡하나, 지금의 시대정신에는 부응한다. 문제는 언제 어떻게 옮기느냐이다. 자칫하면 다음과 같은 풍수 격언 꼴이 된다.

"호입평양 피견기虎入平壤 被犬欺."

'호랑이가 들판에 가니 개에게 수모를 당한다'는 뜻이다. 고산룡에서 평지룡 혹은 평양룡으로 도읍지를 옮길 때 즉, 산중高山 임금 호랑이가 들판平支에 나갈 때와 운불리運不利하면 자칫 개에게 수모를 당한다는 뜻이다.

"一漢二河三江四海"의 참언이
'한강漢江'으로 실현되는가?

새 대통령이 터를 잡은 곳은 용산이다. 용산은 한강 덕분에 땅의 존재 이유를 갖는 곳이다. 한강이 어떻다는 말인가?

1612년(광해군 4년) 8월 종6품 지관 이의신은 임금에게 장문의 글을 올렸다. '임금 집무실'을 옮기자는 내용이었다. 축약하면 다음과 같다.

"임진왜란과 역변이 계속하여 일어나는 것, 조정의 관리들이 분당하는 것, 도성 주변 사방의 산들이 벌거벗은 것 등이 모두 도성의 왕기가 이미 쇠한 데서 기인합니다. … 파주 교하 땅은 한양과 개성과의 중간 지점으로서 동으로는 멀리 삼각산이 병풍같이 보이고, 북으로는 송악산이 웅장하게 섰으며, 남으로는 기름진 들판 천리가 펼쳐져 있어 오곡이 풍성하고 서쪽으로는 한강이 넓게 흘러 배가 다니기에 좋은 땅입니다."

이른바 교하천도론의 발단이다(1990년대 풍수학자 최창조 전 서울대 교수가 다시 한번 교하천도론을 주장했다). 풍수와 사주에 심취한 광해군의 은밀한 지시를 받은 이의신이 올린 글이다. 일본의 침략으로 황폐화된 도성, 그리고 서얼 출신으로 임금 자리에 오른 광해군의 불안정한 권력 기반, 끊임없는 대신들 간의 당쟁 등 문제를 해결할 대안으로 광해군 자신이 임금 집무실을 옮길 생각이었다. 광해군은 왜 임금 집무실을 옮기려 했을까?《광해군일기》를 쓴 사관史官의 글에서 그 답을 찾을 수 있다.

"왕(광해군)이 일찍이 지관 이의신李懿信에게 은밀히 말했다.
'창덕궁(당시 경복궁은 임진왜란으로 불타 없어짐)은 큰일을 두 번 겪었으니 내 거처하고 싶지 않다.' 이것은 단종과 연산군이 쫓겨나 죽음을 당한 사건을 가리키는 것이다. 이에 대해 이의신이 답하였다.
'이것은 고금의 제왕가帝王家에서 피할 수 없었던 변고입니다. 궁전의 길흉에 달린 것이 아니라 오로지 도성의 기운이 빠졌기 때문입니다. 빨리 옮기시는 것이 좋습니다.'
광해군이 이것을 이유로 창덕궁에 거처하지 않았다. 뭇 신하들이 거처를 옮기기를 여러 차례 청하였으나 임금이 따르지 않았다. 그 후 행궁에 변괴가 나타나자 비로소 창덕궁에 거처하면서 더욱 꽃과 돌 같은 것으로 꾸몄지만(비보진압 풍수 행위), 오래 있을 생각이 없었다. 이에 창경궁을 짓도록 재촉하고는 궁이 완성되자 또 거처하지 않았다. 드디어 두 채의 새 궁궐(경희궁과 인경궁)을 짓도록 하였다. 완성시킨 후에 거처하려고 했기 때문에 경덕궁慶德宮(지금의 경희궁)을 먼저 완성하였는데, 인경궁仁慶宮(광해군 폐위 후 없어짐)이 채 완성되

지 않아 왕이 임금 자리에서 쫓겨났다. 모두 이의신이 유도
한 것이다(이의신이 유도했으나 이후 두 궁궐 터 잡기는 후술할
김일룡, 성지, 시문용 같은 지관들이 주도했다)."[11]

이의신이 상소할 즈음 하나의 참언讖言이 유행했다.

"일한이하삼강사해一漢二河三江四海"

장차 나라 도읍지가 위 한자漢字 순서대로 바뀐다는 참언이다.
임진왜란과 정유재란의 뒤끝이라 충분히 나올 수 있는 참언이었
다. '一漢二河三江四海'란 처음은 '漢'자 지명이 있는 곳, 두 번
째는 '河'자 지명인 곳, 세 번째는 '江'자 지명인 곳, 네 번째는
'海'자 지명이 있는 곳으로 도읍지가 바뀔 것이라는 내용이다.
이의신은 한양漢에서 교하河로 옮겨야 하는 정당성으로 이 참언
을 활용했다.

당시 기득권 세력인 대신들이 교하로 임금 집무실 옮기는 것
을 강력히 반대했다. 이의신을 처벌하라고 상소했다. 광해군 4년
말부터 시작하여 광해군 6년에 이르기까지 3년 동안 이의신의
처벌을 주장하는 상소가 끊이지 않았다. 당시 이 문제는 조선 조
정뿐만 아니라 조선 전체의 블랙홀이 되었다. 마치 윤석열 대통

11   광해군, 《광해군일기》, 1613년(광해군 5년)

령 당선자 시절 '용산 집무실 이전론'이 모든 정책을 빨아들인 블랙홀이 된 것과 유사한 상황이었다. 광해군 6년(1614년) 한 해 동안 이의신을 처벌하자는 상소의 횟수가 100회가 넘었다. 사흘에 한 번꼴로 대신들이 임금에게 대들면서 이의신을 처벌할 것을 요구했다. 이는 이 문제가 얼마나 큰 사건이었음을 방증케 하는 숫자이다. 이에 대해 오히려 광해군은 이의신에게 예빈시 주부主簿의 자리에 앉혔다. 신권과 왕권의 싸움이 이때만큼 치열한 적이 없었다.

새 대통령이 가고자 하는 용산은 한강漢江에 있다. "一漢二河三江四海"에 등장하는 '漢河江海' 네 글자 중 두 글자 '漢江'이 겹친다. 이 참언이 윤 대통령을 통해서 실현될까?

광해군의 교하천도론은 어떻게 되었을까? 대신들의 반대로 교하 천도는 이루어지지 못했다. 그러자 이번에는 사대문안에서 임금 집무실을 바꾸려고 했다. 이번에는 이의신 말고 다른 지관들이 임금과 신하 사이의 싸움판이 된 '정국의 무대'에 올랐다. 광해군은 승려 출신 성지, 김일용, 중국인 시문용과 같은 지관들을 활용했다. 중국인 시문용은 임진왜란 때 중국 장수의 풍수 참모로 입국했다가 귀국하지 않고 경북 성주에 정착했다. 현재의 시 씨는 그 후손들이다. 시문용은 당시 영의정 정인홍의 추천으로 광해군을 만나게 된다. 정인홍 윗대 조상이 중국 절강성에서 왔는데, 시문용이 절강성 출신이어서 각별하게 대했다. 동향이기도 하지만, 정인홍 자신이 풍수 · 사주 마니아mania였다.

문제는 이 지관들이 서로 자기가 옳다고 서로를 비난하고 헐뜯고 있었다는 점이었다. 이때 현명한 임금이라면 풍수 본질을 파악하여 스스로 결정을 해야 했다. 그러나 광해군은 자기 판단을 하지 못하고, 그들의 주장을 모두 받아들였다. 사직동에 경희궁(경덕궁), 인왕동에 인경궁 두 개의 궁궐을 동시에 짓게 하는 촌극을 벌인 것이다. 그로 인한 국력 낭비와 백성의 원성은 하늘을 찔렀다. 광해군 실각의 결정적 원인이었다. 광해군은 풍수에 심취했으나, 정작 풍수를 몰랐다. 지도자의 결격 사유다.

특히 이들 지관 가운데 나라와 백성에게 가장 큰 폐해를 입힌 자가 성지라는 승려였다. 그는 '임금님 집무실 이전'이 태평성대를 가져올 성군이 될 것이라고 광해군을 미혹했다. 승려라고 하지만 글자도 모르는 요승이었다. 훗날 광해군이 실각하자 성지는 도망가다가 성난 백성들에게 잡혀 맞아 죽었다. 실록에는 성지를 다음과 같이 기록하고 있다.

"성지는 미친 중으로 풍수지리 방서方書를 잘 이해한다고 자처했다. 글을 읽을 줄 몰라서 언문으로 풍수를 논했는데, 그 말이 예전 방술과 달라 괴이하고 어긋나서 가소로웠다. 그는 인왕산은 돌산으로 몹시 기이하게 솟아 있으며, 또 인왕仁王이란 두 글자가 바로 길한 참언讖言이다. 그러므로 만약 왕이 그곳에 살 경우 국가의 운수를 늘릴 수 있고 태평시대를 이룰 수 있다고 떠들었다. 또 국초에 사직단 터를 이곳에 잡은 것은 당시의 술사가 반드시 소견이 있어서였다. 그러니 사직단을 다른 곳으로 옮기고서 그 터에다 궁궐 자리를 잡아야 한다. 임금이 편안하게 지내면 사직 역시 견고한 것이니, 마땅히 옮겨야지 무슨 의심을 둘 것이 있겠는가 등과 같은 말을 하여 듣는 이들을 놀라게 했다. 그는 드디어 사직단 담장 바깥에다 궁궐터를 정했다. … 성지가 일찍이 그의 어미의 뼈를 창원 불모동에 장사지내고는 말하기를 '나의 후신은 부처가 될 것이다'고 했다. … 성지가 방서에 대해 모르므로 속설로 꾸며대는 것이 모두 이와 같았다."[12]

현재의 경희궁(경덕궁)은 "왕기가 서렸다"는 성지의 말을 듣고 광해군이 종친 정원군의 집을 빼앗아 지은 것이다. 그러나 그는 그곳에 살지도 못하고 쫓겨났다. 광해군의 후임 임금은 정원군의 아들로서 인조 임금이 된다. 결국 "왕기 서린 정원군 집터"에서 왕이 나온 셈이다.

조선 광해군 때만이 아니었다. 풍수설에 따라 임금 집무실을 옮기고자 할 때 지관들 사이의 싸움은 그 이전에도 있었다. 고려 공민왕 때의 일이다. 공민왕도 풍수를 믿어 임금 집무실을 옮기려 했다.

이때 왕사 보우普愚는 남경(한양, 현 청와대·경복궁 일대)으로 옮

---

12 《광해군일기》

길 것을 주장했다. 반면 신돈은 평양이나 충주로 옮길 것을 주장했다. 두 스님 가운데 신돈이 더 공격적이고 치졸했다. 심지어 보우를 감금하기까지 했다. 서로 싸우는 중에도 의견이 합치되는 부분은 있었다. 임금 집무실을 옮기면 주변 36개국이 조공을 바칠 것이라는 참언이었다. 특히 보우가 더 강력하게 주장하면서, 신돈을 다음과 같이 비난했다.

"나라가 다스려질 때는 참된 스님이 그 뜻을 얻을 것이지만, 나라가 위태로울 때는 사악한 중이 그때를 만날 것이다國之治眞僧得其志, 國之危 邪僧逢其時."

누가 참된 스님眞僧이고 누가 요승邪僧이었을까? 알 수 없는 일이다. 보우도 훌륭한 스님이었지만, 신돈도 한때 임금과 백성들의 전폭적인 지지를 받았던 스님이었다.

2

한 시간에 끝내는 풍수

1,000원권 지폐로 풍수 공부하기

카드 결제가 일상인 지금, 지폐 사용이 점점 사라지고 있다. 현재 통용되는 지폐 1,000원권, 5,000원권, 10,000원권, 50,000만원권 가운데 먼 훗날 소장 가치가 가장 높은 것은 무엇일까? 풍수는 선택의 문제이다. 어디에 터를 잡을 것인가? 어떤 공간을 만들 것인가? 그에 따라 그 사람의 운명이 좌우된다는 것이 풍수 논리이다.

네 가지 지폐 가운데 어느 것을 선택하느냐에 따라 훗날 소장 가치는 분명 달라진다. 소장 가치만 달라지는 것이 아니다. 그림을 보는 사람의 운명이 달라진다.

풍수적 관점에서 1,000원권 지폐가 소장 가치가 높다. 왜 그러한가? 1,000원권 지폐에 새겨진 그림 〈계상정거도溪上靜居圖〉란 산수화가 풍수를 가장 잘 반영했으며, 그로 인해 그 그림을 보는 사람에게 좋은 기운을 주기 때문이다. 관념산수화가 아닌 실경(진경)산수화이다. 안동 도산서원이란 길지를 그림으로 그린 것이다. 그곳은 퇴계 이황이 오랜 시간에 걸쳐 잡은 터이다. 그러한 까닭에 몇백 년이 지난 지금에도 온전히 보전되어 있다.

풍수와 산수화는 출발점이 같다. 따라서 직접 현장을 가보지 않고서도, 잘 그려진 산수화를 통해 풍수 공부를 할 수 있다. 그뿐만 아니라 그림 속에 묘사된 산수의 정신을 전달받아 감응받는다. 그것을 통해 운명을 바꾼다. 좋은 땅 즉, 좋은 풍수가 있듯, 산수화에도 좋은 산수화가 있다.

1,000원권 지폐 앞면에는 퇴계 이황의 초상화가, 뒷면에는 산수화 한 폭이 담겨 있다. 겸재가 '계상정거도'라고 명명한 것은 자신의 창작이 아니다. 퇴계가 쓴 시 가운데 "溪上始定居, 臨流日有省(시냇가 위에 비로소 거처 정하고, 흐르는 물 바라보며 날로 반성하네)"라는 문장에서 취했다.

도산서원은 유네스코세계문화유산에 등재되어 우리만의 문화유산이 아니고, 세계인이 공유하는 문화유산이 되었다. 전쟁이 나도 이곳만은 폭격당하지 않는다. 좋은 터이다. 그러한 좋은 터가 그려진 〈계상정거도〉는 재수가 좋은 그림이다. 서기 4~5세기를 살다간 중국 화가 종병宗炳의 지론이다. 이 관념은 이후 현대에 이르기까지 중국 산수 화가들의 지론이자 조선 남종화가 소치 허련도 인정하는 바이다. 종병은 이렇게 말했다.

강 건너 시사단에서 바라본 도산사원

"사람이 응당 눈으로 보고 마음에 통하는 경지를 이理라고 하는데, 잘 그려진 산수화의 경우는 눈도 동시에 응하게 되고 마음도 동시에 감응하게 되어서 응하고 통함이 정신을 감동시키면 정신이 초탈하여 이理를 얻을 수 있다."[13]

산수가 품고 있는 정신山水之神을 그리면, 그림 속에 그 신명神明이 강림하여, 그림을 그리는 사람뿐만 아니라 보는 이에게 그 정신이 전달된다傳神. 이른바 그 유명한 '전신傳神'론이다. 산천을 찾

---

13   宗炳(종병), 《畫山水序(화산수서)》

내룡(來龍)

백호(白虎)

주산(主山)

청룡(靑龍)

혈(穴)

수구
(다리와
배 부분)

낙동강

1,000원짜리 지폐에 담긴 겸재 정선의 〈계상정거도〉와 풍수 용어

아다니지 않더라도 잘 그려진 산수화를 보면 눈이 감응하고 마음 역시 통하여 산수의 정신과 감응할 수 있다. 하물며 좋은 길지를 찾아가서 보거나 그것에 집무실을 둔다면 어찌 좋은 기운을 받지 않겠는가? 이른바 풍수에서 말하는 명당발복론이다.

1,000원권 지폐에 풍수 용어를 넣어보자.

그림에 표기된 대로 주산이 반듯하며 뭇 산을 통제한다. 그곳 주인이 공명정대한 정신으로 뭇 사람을 아우른다. 주산 뒤로 산들이 계속 이어진다來龍. 내룡이 좋으면 나의 철학이 사람들에게 지속적으로 전달된다.

그림 속의 좌청룡, 우백호가 분명하다. 청룡은 명예를 상징하며, 백호는 재물을 주관한다. 명예운과 재물운이 좋다. 주산 아래 집이 하나 있고, 사람이 하나 그려져 있다. 동쪽을 바라보고 앉아 있다. 유가儒家에서 동쪽은 인仁을 상징한다. 인은 유가의 최고 덕목이다. 겸재가 유학자 퇴계 이황을 상정한 것이다. 집을 풍수에서는 혈$_穴$이라고 한다. 제자리를 잡고 있다. 대통령이라면 대통령답게 자기 본분을 다한다. 집 옆과 백호 사이로 작은 개울물이 흐른다. 물은 재물을 가져다준다. 재물운이 좋다. 대통령이 좋은 집무실에 자리하면 그 나라 경제를 호전시켜 국민과 국가를 부자로 만든다.

좌우 청룡, 백호가 끝나는 지점(풍수 용어로 수구$_水口$)에 다리 하나가 놓여 있고 그 아래 큰물(낙동강)에는 배 한 척이 있다. 청룡과 백호가 끝나는 지점 사이로 흐르는 개울물 위에 놓인 다리는 이쪽과 저쪽을 이어주는 역할을 한다. 분열된 국민을 하나로 잇는 다리이다. 대통령의 역할이다.

다리 아래 배를 어부가 끌어들여 묶고 있다. 배는 떠나가는 배보다 들어오는 배가 좋다. 화물을 싣고 오기 때문이다. 대통령이 저와 같은 곳에서 집무하면 해외에서 외화 획득이 증가하여 부국을 만든다. 서원 앞에 큰물은 낙동강이다. 큰물을 따라 내려가면 더 큰 강으로 이어지고 종국에는 바다로 간다. 해외로 진출한다.

왼쪽 페이지 그림은 산과 물을 모두 갖추고 있다. 산은 인물을 기르고 물은 재물을 늘려준다$_山主人 水主財$. 저와 같은 공간이되 규모가 큰 곳에 대통령이 거주하면 국민을 명예롭게 하고 국부를 늘린다. 용산이 그와 같은 곳이다.

이 그림을 도표화하고 간단하게 풍수 설명을 하면 다음과 같다. 풍수 공부의 전부다.

	계상정거도	풍수적 해석
위치	경북 안동 도산서원	
주산(현무)	반듯하다.	그곳 주인이 권위를 갖는다.
내룡	있다.	내룡은 地氣의 통로이며 자신의 철학이 대대로 이어진다.
청룡/백호	비교적 아름답게 감싸고 있다.	청룡은 남자와 명예, 백호는 여자와 재물의 기운을 주관한다.
안산(주작)	그림에서는 보이지 않으나 강 건너 시사단이란 언덕	안산은 나의 손님이나 부하를 의미
명당(明堂)	비교적 좁다.	생간 공간 및 활동 공간 역할
명당수(明堂水)	개울물	명당수 유무는 재물운과 직접 관계
합수 (수구/파구)	다리 부분	수구는 氣(명예/재물)를 모아주는 역할
객수(客水)	낙동강	더 큰 재물과 세계를 상징.
수구 처리	다리와 배	수구 처리가 잘 되어 기운생동(氣韻生動)
혈(穴)	사람이 동쪽을 향해 앉아 있는 집	주인이 자기 역할을 충분히 한다.
총평	퇴계 이황을 상정하고 겸재 정선이 그린 도산서원	산과 물이 균형과 조화를 이룬 길지. 그러한 까닭에 도산서원이 국내 최고의 지위를 차지하고 지금까지 이어짐.

윤석열 대통령은 "공간이 의식을 바꾼다"고 확신한다. 어찌 터를 가리지 않을 수 있겠는가? 더구나 청와대 터에 집무했던 대통령들의 말로는 대부분 불행했다. 그렇다면 윤 대통령도 청와대에서 집무를 하면 같은 운명이 되지 않을까 하는 불안은 당연하지 않을까? 청와대 터는 과연 흉지일까?

그림으로 풍수 용어 익히기

아래 세 개의 이미지는 우리 주변에서 볼 수 있는 묘지 풍수의 기본 명당 모델이다. 필자가 답사하는 과정에서 찍은 현장 사진이다. 우리 조상들의 묘지 풍수가 반영된 현장이기도 하다.

이러한 공간 모델을 좀 더 확대하면 마을, 중소대도시, 도읍지가 된다. 청와대 터 역시 이와 같은 공간 모델에 그대로 부합한다. 윤 대통령이 가고자 하는 용산 국방부청사는 어떠할까?

그림1

그림2

그림3

아래 두 그림은 홍성담 화백이 풍수를 주제로 하여 그린 그림이다(참고로 홍성담 화백과 필자는 함께 풍수 공부를 했다). 따라서 홍성담의 풍수론과 필자의 것은 같다.

그림1

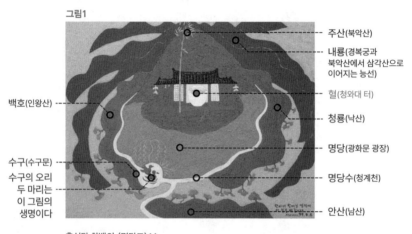

주산(북악산)

내룡(경복궁과 북악산에서 삼각산으로 이어지는 능선)

혈(청와대 터)

청룡(낙산)

명당(광화문 광장)

명당수(청계천)

안산(남산)

백호(인왕산)

수구(수구문)
수구의 오리 두 마리는 이 그림의 생명이다

홍성담 화백의 〈명당도〉14

그림2

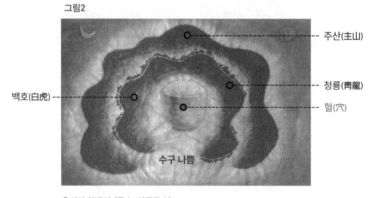

주산(主山)

청룡(靑龍)

혈(穴)

백호(白虎)

수구 나쁨

홍성담 화백의 〈풍수, 장풍득수〉

14 이 그림의 본래 제목은 〈한씨네 할머님 영전에 이 집을 바칩니다〉이나 편의상 〈명당도〉로 표기

우선 그림에 표기된 풍수 용어를 설명하겠다. 풍수 공부에서는 이 용어만 알면 충분하다. 아마도 이 책에서 풍수 용어를 간간이 쓸 터이나 이 용어 가운데 절반도 활용이 안 됨을 독자 여러분이 책을 읽다 보면 알게 될 것이다. 즉, 독자 여러분이 이 그림에 묘사된 공간 모델과 풍수 용어를 알게 된다면 풍수 공부는 끝난다.

풍수 용어	설명
穴(혈)	그림에서 혈이라고 하는 부분에 사람이 살 집이나 무덤(서울의 경우 청와대와 경복궁)
청룡(靑龍)	혈의 왼쪽 산(산에 등을 대고 즉, 背山 기준, 서울의 경우 낙산)
백호(白虎)	혈의 오른쪽 산(서울의 경우 인왕산)
안산(案山)	혈 앞의 산(서울의 경우 남산), 주작(朱雀)이라고도 함.
주산(主山)	혈 뒤쪽의 산(서울의 경우 북악산), 현무(玄武)라고도 함.
내룡(來龍)	혈과 주산 사이에 이어지는 산 능선(서울의 경우 삼각산·북악산에서 경복궁으로 이어지는 산 능선)
명당(明堂)	혈 앞에 펼쳐진 드넓은 들판(서울의 경우 광화문 시청광장 일대, 명당에는 두 가지 의미가 있다. 하나는 좁은 의미로서 혈 앞에 펼쳐지는 드넓은 들판을 뜻하며 풍수 전문가들이 사용하며, 다른 하나는 좋은 땅을 총칭하는 말로서 일반인들이 주로 사용한다.)
명당수(明堂水)	명당을 관통하여 흐르는 물(서울의 경우 청계천)
수구(水口)	합수(合水), 파구(破口)라고도 함, 혈 앞에 두 물이 합해지는 점(서울의 경우 수구문이 있던 곳, 현재 동대문운동장 부근).
수구(水口) 처리	수구 부분에 어떤 것이 있는가는 그 땅의 길흉을 파악하는 주요 단서, 서울의 경우 동묘(東廟)
조산(祖山)	할아버지 산으로서 주산 뒤에 있는 높고 큰 산으로 태조산, 중조산, 소조산 등으로 나뉜다. 서울의 경우 태조산은 백두산, 중조산은 삼각산, 주산은 북악산이다.
조산(朝山)	혈을 향해 공손하게 예의를 갖추는(朝) 산으로 안산 밖의 좀 더 높고 큰 산을 말한다. 서울의 경우 관악산이 이에 해당된다.

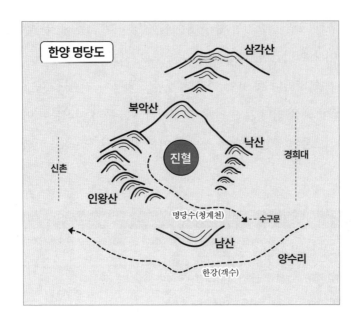

참고로 청와대 터의 풍수 공간 모델을 그림으로 표기하면 다음과 같다.

다시 50쪽 홍성담 화백의 그림을 보자. 그림 속에 하얀 쌀밥이 있다. 밥은 생명이다. 밥은 사람을 키운다. 그림1에는 기와집속에 하얀 고봉 쌀밥이 그려져 있다. 그림2에는 쌀밥만 덩그러니 그려져 있다. 그림2는 따뜻한 밥이고, 그림2는 찬밥이다. 왜 그러한가? 두 그림을 비교한 오른쪽 도표를 보면 이해가 간다. 그림2는 '찬밥 신세'의 땅이다. 흉지이다.

	그림1 〈명당도〉	그림 2 〈풍수, 장풍득수〉	풍수적 해석
주산(현무)	있다.	없다.	主山은 건물이나 그 땅의 중심축을 이루며, 주인의식, 主權 유무를 가늠한다.
내룡(來龍)	있다.	없다.	내룡은 地氣의 통로 이며 자손의 번창 여부를 주관한다.
청룡/백호	비교적 아름답게 감싸고 있다.	있기는 하지만 골이 졌다.	청룡은 남자와 명예, 백호는 여자와 재물의 기운을 주관한다.
안산(주작)	있다.	없다.	안산은 나의 손님이나 부하를 의미
명당(明堂)	넓고 평탄하다.	좁다.	생간 공간 및 활동 공간 역할
명당수 (明堂水)	있다.	없다.	명당수 유무는 재물운과 직접 관계
합수 (수구/파구)	있다.	없다.	수구는 氣(명예/재물)를 모아주는 역할
수구 처리	오리 두 마리	없음	수구 처리가 잘된 곳이 기운생동(氣韻生動)
혈(穴)	기와집과 그 안의 밥그릇	밥그릇이 있는 부분	따뜻한 밥과 찬밥 신세
중조산 /태조산	있다.	없다.	조상과 윗 어른의 보우하심 여부
길흉 판단	길지, 사방이 포근하게 감싸고 있다. 적절한 수분 습도가 유지된다. 보온과 바람막이가 잘 된다. 따뜻한 밥을 먹는 부자의 땅이다.	흉지, 바람이 많고 변화가 많다. 건조하다. 척박하다. 밥이 쉽게 식는다. 찬밥 먹는 땅이다.	

풍수의 핵심 두 가지 요소인 산山과 물水

윤석열 대통령이 격발한 용산 터와 청와대 터의 차이점은 무엇인가? 그 차이를 안다는 것은 결국 풍수의 핵심 구성 요소인 산과 물 두 가지로 귀결됨을 안다는 것이다. 산과 물이 어떠하다는 것인가? 풍수 격언이 이에 답한다. 이 문장만 알면 풍수 공부는 다한 것이다. 풍수 공부가 중요한 것이 아니라 산과 물 가운데 무엇을 택하느냐에 따라 국가의 운명이 달라짐을 알게 될 것이다.

"산주인 수주재山主人 水主財."

어떤 터의 길흉을 읽고자 하면 이 문장만 알면 된다. '산은 인물을 키우고 물은 재물을 늘려준다'는 뜻이다. 좋은 산이 있으면 훌륭한 인물이 나고, 적당한 수량과 흐름이 좋으면 재물이 번창한다는 뜻이다. 결국 풍수는 '산과 물' 두 가지로 귀일한다. 이 두 가지를 동시에 구비하면 더더욱 좋을 것이다.

앞에서 소개한 〈계상정거도〉와 홍성담 화백의 〈명당도〉는 뒤로는 반듯한 산이, 앞으로는 물이 흘러 이른바 배산임수의 땅이 되어 길하다. 그러나 배산임수라고 할지라도 산은 그다지 크지 않고 물은 그다지 많지 않아 중국의 장강이나 황하와 같을 수는 없다. 그저 그만한 땅일 뿐이다.

큰 인물을 내고 싶은가, 큰 재물을 만들고 싶은가? 선택의 문제이다. 풍수의 개념 정의는 바로 여기서 시작한다. 풍수 용어는 위에서 설명했으나, 정작 풍수風水란 무슨 뜻인가를 설명하지 않았다.

지금은 풍수란 용어가 현재 가장 많이 쓰이고 있으나, 그 용어의 역사는 그리 길지 않다. 우리나라에서도 중국과 마찬가지로 풍수라는 용어가 주도적 위치를 차지한 것은 해방 이후의 일이다. 우선《고려사》에서 풍수 관리日官 선발 시험과목이 지리업地理業이라 했고, 지리업 고시과목에 풍수란 용어가 들어간 것은 전혀 없다. 조선조에서도 풍수관리地官 선발 과목이 지리학이었으며, 고시과목에《청오경》과《장서》를 제외하고는 풍수란 말이 들어간 책이 단 한 권도 없다. 그러나《고려사》와 달리《조선왕조실록》에는 간간이 '풍수학인' 혹은 '풍수'란 말이 등장한다. 풍수라는 용어가 이때에는 산수, 지리, 지술, 감여, 상지 등과 혼용되기 시작했다.

풍수가 주도적 용어로 자리 잡은 것은 해방 이후이다. 서구의 지리학이 대학에서 정식 학과로 주도권을 잡으면서 터 잡기 예술로서 전통 지리가 그 명칭을 서구 지리학에 내어주고 대신 풍수라는 용어를 쓰게 된다.

용어야 어떻든 우리 민족 고유 지리학으로서 풍수란 무엇이며, 어떻게 개념 정의를 해야 할까? 고조선 이래 우리 민족 고유의 터 잡기로서 풍수가 지금까지 면면히 내려오는 것은 분명하다. 이에 대해서는 윤명철 동국대 명예 교수와 우리 고대사에 정통한 재야 학자 김석동 전 금융위원장이 만주 땅을 수없이 답사하면서 내린 결론이다. 그러나 문자가 없는 바람에 땅에만 그 흔적을 남기고 있을 뿐이다. 그것을 '터무니地紋'라고 한다. 터무니에 대해 우리 문자가 있었을 당시, 부득이 중국 문자로 우리 풍수 개념을 설명해야 했다. 풍수라는 용어를 가장 먼저 도입한 《금낭경》은 다음과 같이 개념 정의를 한다.

> "옛사람들은 기를 모아 흩어지지 않게 하고, 기를 흐르게 하다가 멈춤이 있게 했으니, 그런 까닭에 그것을 풍수라 했다. 풍수가 법술은 물을 얻는 것得水이 으뜸이고, 바람을 갈무리藏風하는 것은 그다음이다."[15]

여기서 '옛사람'은 중국인뿐만 아니라 고조선 이래 우리 민족을 지칭한다. 그런데 산과 물 두 가지를 모두 취할 수 없다. 마치 인생사에서 명예와 부를 모두 취할 수 없는 것과 마찬가지이다. 둘 중의 하나를 선택해야 한다.

그래서 풍수의 법을 "물을 얻음을 으뜸으로 삼고, 바람을 갈무리함을 그다음으로 한다"고 했다. "쌀독에서 인심 난다"고 했다. 맹자도 "항산恒産이라야 항심恒心"이라고 했다. 부귀富貴를 다 가

---

15 古人聚之使不散, 行之使有止, 故謂之風水. 風水之法, 得水爲上, 藏風次之.

질 수 없으면, 첫 글자 부富를 취해야 한다. 풍수에서 부귀를 산수山水로 대체한다. 산은 귀貴요, 수는 부다.

사람이 하루를 살더라도 물이 있어야 한다. 그다음에 비바람을 피할 곳을 찾는다. 물을 얻는다는 것은 작게는 개여울에서 크게는 강이나 바다를 얻어야 한다는 뜻이다. 바람을 갈무리한다는 것은 작게는 바람 막아줄 담장에서 크게는 사방의 산들을 말한다.

예컨대, 한양(사대문안 서울)은 북악산, 인왕산, 낙산, 남산이 바람을 갈무리해주는 땅이다. 반면에 용산은 사방의 산이 없는 대신 가깝게 한강이란 큰물이 흐른다. 바람을 갈무리해주는 땅을 앞의 금낭경은 '장풍藏風', 물을 얻는 것을 '득수得水'라고 했다.

산山 풍수 vs 물水 풍수 = 청와대 터 vs 용산

도쿄대 철학과를 졸업한 일본인 학자 무라야마 지준이 1931년에 《조선의 풍수(일어판)》를 출간했다. 조선 풍수를 집대성한 책이다. 무라야마는 풍수뿐만 아니라 조선의 민속을 집대성하여 '조선학'으로 일가를 이루었다. 그는 이 책에서 한양(사대문 안)처럼 바람을 갈무리해주는 형국을 장풍국藏風局, 산보다는 물이 가까이 감싸는 용산과 같은 형국을 득수국得水局이라고 명명했다. 이후 장풍국과 득수국이란 용어는 지금까지 풍수술사들뿐만 아니라 학자들까지 비판 없이 수용하고 있다.

역사학자이자 뗏목을 이용한 해양탐험가로서 우리 민족의 풍수를 깊이 천착하고 있는 윤명철 교수(동국대 명예교수, 우즈베키스탄 국립사마르칸트대 교수)는 장풍국과 득수국이란 용어 대신 '산 풍수'와 '물 풍수'를 제안한다.

특히 최근 청와대 터와 용산 터가 국민의 관심사가 되자, 국민들에게 쉽게 두 터의 성격을 알게 하자면 '장풍국과 득수국'보다는 '산 풍수와 물 풍수'라는 용어가 더 좋다는 의견이다. 전적으로 동의한다.

산 풍수는 청와대 터와 같이 북악산, 인왕산, 낙산, 남산의 4산에 둘러싸여, 산의 영향을 받는 터를 말한다. 물 풍수는 용산과 같이 한강이 둘러싸인 곳을 말한다.

풍수를 구성하는 두 가지 즉, 산과 물의 특징을 대표적으로 표현한 것이 청와대 터와 용산이다. 풍수 고전 《호순신》은 이를 다음과 같이 정리한다. 참고로 《호순신》은 태조 이성계와 무학대사의 계룡산 천도론을 태종 이방원과 그 핵관 하륜이 무력화시킬 때 활용한 비장의 술서이다. 그 공로를 인정받아 조선 지관 선발 고시과목으로 정식 채택됐다.

"무릇, 산은 사람의 형체와 같고, 물은 사람의 혈맥과 같다. 사람은 형체를 갖고 있는데, 사람의 생장영고生長榮枯는 모두 혈맥에 의존한다. 이 혈맥이 한 몸 사이를 순조롭게 돌아, 일정한 궤도가 있어 순조롭고 어그러짐이 없으면, 그 사람은 반드시 편안하고 굳셀 것이고, 일정한 궤도를 거슬러 절도를 잃으면 그 사람은 반드시 병에 걸려 죽을 것이다. 이것은 자연의 이치로써 바꿀 수 없는 길道이다."[16]

산과 물, 둘 다 필요하다. 그러나 둘 가운데 무엇이 더 급한가? 산 풍수일까, 물 풍수일까? 당연, 물이 중요하고 그렇기에 물 풍수가 더 중요하다. 하루 중 물 마시는 것이 바람 피하는 것보다 더 중요하기 때문이다. 한 개인의 하루 삶에 한정되지 않고 한 공동체의 지속적인 삶과 관계가 된다면 어떻게 될 것인가?

윤석열 대통령이 광화문 청사를 포기하고 갑자기 용산을 주장하는 속내는 알 수 없다. 그러나 풍수학자로서 헤아려보자면, 용산으로 가야 대통령의 능력과 업적이 더욱 신속하게 결과를 내고 세상에 빛을 발할 것으로 생각하지 않았을까 싶다. 단순한 추측이 아니다. 풍수 고전 《금낭경》이 "물 얻는 것이 바람 갈무리하는 것보다 중요하다"고 말했던 이유이다. 굳이 중국의 풍수 이론서를 인용할 필요가 없다. 우리 조상들의 지혜이기도 하다. 《택리지》 저자 이중환은 항간의 속담諺을 인용하여 다음과 같이 말한다.

---

16 盖, 山如人之形體, 水如人之血脈.人有形體, 生長枯榮, 一資於血脈, 血脈周流於一身之間, 厥有度數順而不差, 則其人必康且强, 逆而失節, 則其人必病且亡矣. 此自然之理, 不易之道也.故, 是法必欲水之來去與山合, 然後爲吉.

"냇가에 사는 것이 강가에 사는 것만 못하고, 강가에 사는 것이 바닷가에 사는 것만 못하다."[17]

따라서 물 풍수가 산 풍수보다 살기가 좋을 뿐만 아니라 그 공동체(국가)의 운명에 좋은 결과를 가져온다.

풍수로 성공하기 위한 두 가지 요건: 풍수신앙과 풍수행위

'무속'은 우리 민족 신앙체계이다

풍수를 부정하는 사람이 성공할까, 풍수를 믿는 사람이 성공할까? 풍수가 존재하지 않는다면 전자이고, 풍수가 존재한다면 후자이다.

하느님을 믿는 자가 구원받을까, 신을 부정하는 자가 구원받을까? 신이 존재한다면 전자이고, 신이 존재하지 않는다면 후자로서 자기 자신을 구원한다.

그렇다면 믿음의 문제인가, 실체인가?

신의 존재를 증명 혹은 부정하려는 2천 년 논쟁이 서구 신학사神學史이다.

---

17   溪居不如江居, 江居不如海居.

풍수 역시 마찬가지다. 우리 민족에게 무속·풍수 신봉은 낯선 것이 아니다. 믿음의 문제이기에 왈가왈부할 수 없다. 고등 종교인 불교, 이슬람, 기독교, 유교를 믿는 것은 그 누구도 비난하지 않으면서, 무속과 풍수를 믿는 것을 비웃는 행위에 대해 필자는 견해를 달리한다. 필자는 대학 시절 불교반 활동을 했고, 이후 가톨릭 세례를 받았다. 대학원 시절에는 함석헌 선생께 《도덕경》과 《장자》 강독 수업을 받았다. 그렇지만 필자의 학적 바탕은 유학 경전에 근거한다. 서울대 법대를 졸업하고, 고려대에서 퇴계학을 전공하여 석박사 취득 후 전북대 교수로 재직한 김기현 선생님으로부터 오랜 기간 사서四書와 주역을 공부했다. 그 까닭에 유·불·선·기독교에 대해 개방적이며 호의적이다.

무속에 대해서도 마찬가지이다. 무속은 우리 민족 고유의 신앙이다. 무속이란 '무당을 중심으로 하여 민간에 전승되고 있는 풍속'이다. 무교 혹은 샤머니즘으로도 불려왔다. 제정祭政일치 즉, 제사와 정치가 분리되지 않았던 단군 이래 우리 조상들의 원시 종교로서 무당, 당굴래, 당골로 연면히 내려온다. 2016년 서울시립대에서 한국사회학 학술대회가 있었다(당시 회장은 박명규 서울대 사회학과 교수다). 분과 가운데 하나가 '동양사상사학회'였다(당시 회장은 정학섭 전북대 교수다). 분과 학술회의에서 무속을 "우리 민족의 기저에 자리한 전통 신앙이라는 데 의견을 일치했으며, 우리 민족의 기층 신앙은 무속이다"라고 그 가치를 인정했다(필자도 주제 발표를 했다).

2022년 3월 10일 20대 대선이 있기 얼마 전에 대선후보와 부인의 무속 행태에 대해 기독교 신학자와 교수들의 무속에 대한 성명서를 발표했다. 참된 무속의 가치는 인정하지만, 사이비 무속은 제거되어야 한다는 게 핵심 주장이었다. 무속을 빙자한 사이비 역술인, 점쟁이, 사이비 '법사'를 비판한 것이다. 필자도 같은 생각이다.

풍수를 믿는가? 그럼, 실천하라!

풍수를 통해 권력을 잡고자 한다면 '풍수행위'와 '풍수신앙'이 있어야 한다.

그렇다면 풍수행위와 풍수신앙은 무엇을 말하는 것일까? 에른스트 아이텔Ernst Eitel이라는 독일인의 사례를 통해 알아보자. 그는 튀빙겐 대학에서 신학과 철학을 공부하고 복음주의 루터 교단에 의해 중국 선교사로 파견된다. 1896년 홍콩을 떠나기 전까지 30년간 중국에서 선교 활동을 한 그는, 1878년《풍수: 혹은 중국에서의 자연과학의 근원》이라는 책을 출간한다. 유럽에 최초로 풍수의 본질을 소개한 책이다. 선교사였던 아이텔은 왜 풍수에 관한 책을 출간하게 되었을까? 그가 풍수를 공부한 것은 복음을 전파하는 데 가장 큰 장애물이 풍수라는 것을 깨달은 이후였다.

당시 그가 목격한 중국사회는 주택, 무덤, 관공서, 도로에서부터 광산 개발에 이르기까지 풍수가 관여하지 않는 곳은 하나도 없었다. 일반 백성은 물론이고, 관리들도 풍수에 '절대적 신앙심'을 갖고 있었다. 아이텔은 복음을 전파하고 미신에 물든 백성을 계몽하기 위해 풍수를 공부했다. 그런데 그의 처음 의도와는 달리 점점 미신이라 여겼던 풍수에 빠져들게 된다. 이후 그는 풍수가 하느님의 말씀과 배치되지 않는다고 확신하게 되었고, 풍수를 하늘과 땅을 잇는 조화의 이론이자, 중국적 자연과학이라고 정의하기에 이른다.

그는 "풍수의 목적은 이러한 자연의 법칙을 읽어내는 것"이며 그 부산물로서 대지 위에 거주하는 피조물들의 길흉을 알아내는 것은 어렵지 않다고 말했다.

"당신의 운명을 알고 싶은가요? 그렇다면 다음 세 가지 가르침을 인정하십시오.
첫째, 하늘(하느님)이 이 땅을 지배합니다.
둘째, 하늘과 땅이 모든 피조물에 영향을 끼치는데, 이것의 활용 여부는 당신에게 달려 있습니다.
셋째, 운명은 당신의 선한 의지와 돌아가신 조상의 영향력에 좌우됩니다."

그는 풍수론에서 더 나아가 조상에게 제사 지내는 것도 하느님의 뜻에 벗어나지 않는다고 했다. 그러면서 조상을 지극 정성으로 잘 모실 것을 주문하기도 했다. 그가 이토록 유화적인 태도를 취한 것은 그가 전파하는 사상을 철저히 중국화하여 기독교 복음을 전파하고자 한 데에서 비롯된다.

아이텔의 주장은 앞서 언급한 풍수행위와 풍수신앙을 전제로 한다. 풍수행위란 풍수설을 바탕으로 땅을 고르고 건물을 짓고 묘지를 쓰는 행위를 말한다. 여기에는 풍수설을 믿고 길지로 이사를 하거나 이장하는 행위도 포함된다. 그리고 풍수신앙이란, 그를 통해 더 나아질 것이라는 믿음이다. 이런 확고한 믿음에는 풍수이론의 근간을 이루는 동기감응同氣感應을 전제한다. 동기감응은 《주역》에 나오는 용어다. 이에 대해 공자는 다음과 같이 설명했다. 같은 소리끼리는 서로 응하며, 같은 기운끼리는 서로 구한다同聲相應. 同氣相求. (만물 가운데) 물은 습지로 흘러내려가고, 불은 건조한 곳으로 나아간다. 구름은 구름을 쫓아가고, 바람은 호랑이를 쫓아간다. 지도자의 출현에 만인이 우러러본다. 하늘에서 나온 해와 달, 별은 위로 친하고, 땅에서 나온 것은 아래와 친하니, 만물도 각각 그 동류끼리 짝을 찾아 만나는 것이다.[18]

후세의 유학자들이 인용하는 문장 중 "동성상응. 동기상구同聲相應. 同氣相求"라는 문구가 있다. 이는 "같은 소리는 서로 응하고, 같은 기운은 서로 구한다"라는 의미인데, 풍수의 동기감응론同氣感應論의 토대가 된다. 즉, 진정으로 이루고자 하는 것을 위해 그에 상응하는 땅을 찾아 무덤을 쓰고 집터를 정한다는 풍수신앙이

---

18 김기현, 《주역, 우리 삶을 말하다》, 민음사, 2016

전거로 삼는 문장이다. 여기서 '서로서로 응하고 서로서로 구하는' 행위에서 전제되어야 할 것은 굳건한 믿음이다. 《주역》의 중부괘中孚卦에서는 다음과 같이 설명한다.

"우는 학이 언덕 모퉁이에서 우니 새끼가 화답을 하는구나."[19]

어미 학이 새끼 학과 교감하고 화답한다는 것인데, 이는 지극 정성의 마음에서 비롯된다. 조상과 후손의 관계도 마찬가지다. 어미가 새끼 새를 발톱에 쥐고 하늘을 날아 이동할 때, 새끼 새는 어미가 자신을 떨어뜨릴 것이라는 생각을 절대 하지 않는다. 풍수신앙도 그렇다. 조상을 좋은 자리에 모시면 좋은 일이 생긴다는 것도 분명한 사실이고, 의심의 여지가 없다. 조선의 유학자들이 풍수설을 믿었던 것도 이 같은 사상적 토대 때문이다.

풍수행위로 성공한 사람과 실패한 사람: 정조, 흥선대원군 vs 명성황후
유학에 정통했던 조선의 임금 정조는 조선 최고의 풍수학자이기도 했다. 1774년 세손世孫 시절, 아버지 세도세자의 능을 성묘하면서 소문으로만 무성했던 그곳이 흉지라는 것을 직접 확인

19　鳴鶴在陰. 其子和之.

하고 풍수 공부를 시작했다. 정조는 자신의 풍수 공부법에 대해
다음과 같이 설명했다.

"처음에는 풍수지리의 고전들을 모아 심혈을 기울여 연구 조
사했다. 역대 조상 왕릉의 용혈사수龍穴砂水를 근간으로 옛날
방술과 참고하여 보았더니, 하자 투성이 너무 많았다. 그러
나 오히려 소외된 세속의 지사로서 혜안이 열린 자들을 사방
에서 불러 그들의 조예를 시험해본 바 그들의 언론과 지식이
옛 방술에 어긋나지 않았다. 곧 앞뒤로 전날 능원을 논한 것
을 찾아 살펴보았더니 그들의 논한 바가 서궤에 차고 넘칠
정도였다."

정조는 《홍재전서》 57권과 58권 중 아버지 사도세자 무덤을
옮기는 과정에서 자신의 풍수관과 이장 과정을 자세히 서술했다.
풍수학의 기본서이자 무덤 조성에 관한 일체의 기록으로 조선풍
수사風水史의 중요한 문서가 되고 있다. 정조의 풍수 실력은 조선왕
조에 활동했던 수많은 지관地官이나 풍수학인보다 더 탁월했다.
정조에게는 개인적으로 슬픈 일들이 많았다. 서른이 넘어 아
들 문효 세자를 얻었지만, 세자는 석연치 않은 이유로 나이 여섯
을 넘기지 못하고 죽었다. 얼마 후 문효 세자의 생모가 다시 임
신을 했으나, 임신 중 갑자기 세상을 떠나는 등 불길한 일들이
연이어 일어났다.

정조 임금의 무덤(융릉)

흥선대원군의 아버지 남연군 무덤

이러한 일들이 계속되자 왕실에는 생부 사도세자의 무덤(배봉산, 현재 휘경동 삼육병원 안) 터가 좋지 않은 탓이라는 소문이 돌며 상소가 올라왔고 정조는 1789년 사도세자 무덤을 수원으로 옮겼다(현재의 융릉). 사도세자 묘를 옮기자고 처음으로 제안한 인물은 박명원으로, 실학자 박지원의 6촌 형이다. 왕릉을 옮기면 1년 안에 "국가의 큰 경사가 있을 것"이라는 예언(《정조실록》)이 있었고, 왕릉을 옮기자 왕자가 태어났다(훗날 순조 임금). 정조는 왕실에 지금껏 일어났던 불행한 일은 사도세자의 무덤 터가 나빠서 일어난 일이고, 터를 좋은 곳으로 옮기니 복이 되어 왕자를 얻은 것이라고 여겼다.

이러한 정조의 일에 왕손 홍선군은 당연히 관심을 가졌고, 홍선군은 경기도 연천에 있던 아버지 남연군의 무덤을 큰 힘을 들여 1846년 충남 예산 가야사 터로 옮겼다. 홍선군은 그곳이 두 명의 천자가 나올 땅이라고 믿었다. 그로부터 7년 뒤인 1853년에 둘째 아들 명복이 태어났다. 명복은 열두 살이 되던 해인 1863년에 임금이 되었다. 그 후 임금에서 황제로 즉위하고 결국 고종과 순종 두 명의 황제가 나왔으니 예언된 풍수설이 그대로 실현된 것이다. 홍선대원군은 더더욱 풍수를 믿을 수밖에 없었다.

홍선대원군이 직접 고른 며느리 민비(명성황후)는 당연히 시아버지의 풍수를 통한 권력 쟁취 사건에 관심을 보였다. 명성황후의 친정아버지 민치록은 1858년에 여주 선영에 안장됐었는데, 명성황후는 왕비가 되자마자 가장 먼저 친정아버지 묘를 이장했다.

그러나 명성황후는 제천, 이천, 광주로 이장을 계속했다. 1984년에는 경기도를 벗어나 서해안 바닷가인 충남 보령으로 이장했다. 여주, 제천, 이천, 광주의 땅이 나쁜 것은 아니었지만 왕비는 올바른 풍수관, 인생관, 국가관을 갖지 못했다. 그 때문인지 명당발복은커녕 재앙만 계속 나타났다. 이장을 하고 난 다음 해인 1895년 명성황후는 일본인에게 시신도 추리지 못한 채 시해되었다.

정조, 홍선대원군의 경우와 명성황후의 경우의 차이점은 무엇인가? 무엇이 성공과 실패를 나누었는가?

홍선대원군과 명성황후의 '풍수행위'에는 본질적 차이가 있다. 홍선군은 아버지 묘를 이장하고 그곳이 분명 천자가 나올 자리임을 굳게 믿었다. 또 그렇게 되도록 처신하고 행동했다. 그러나 명성황후는 풍수행위는 했지만 '풍수신앙'이 없었다. 즉, 풍수에 대한 믿음이 전혀 없이 이장만 반복했던 것이다. 이장을 거듭할수록 국고는 탕진됐고 백성들의 원한은 날이 갈수록 높아졌다.

정조, 홍선대원군, 명성황후 모두 풍수행위를 했다. 다만 앞의 둘은 풍수를 신앙했고. 후자는 풍수에 반신반의하여 이장을 거듭했다.

중국의 수많은 황제부터 20세기 쑨원과 장제스에 이르기까지, 우리나라의 경우 19세기 정조임금과 홍선대원군에서 20세기 김대중 대통령에 이르기까지 그들은 대권을 장악하기 위한 수많은 수단 가운데 하나로 풍수를 활용했으며(풍수행위), 일단 일을 도모했으면 그 결과에 대해 전혀 의심하지 않았다(풍수신앙).

모두 다 그런 것은 아니다. 앞에서 언급한 대로 유력 대통령 후보가 낙선 뒤에 선영을 이장하고 이장을 거듭한 이들도 있다.

그 이유가 대통령 낙선과 당내에서의 흔들리는 불안한 입지 때문이라고 했다. 풍수행위는 있었으나 풍수신앙이 없었다.

그림이 길흉화복을 좌우한다? 인테리어 풍수의 세계

'코로나19' 때문에 날이 좋아도 나들이를 할 수 없고, 꽃이 피어도 구경 갈 수가 없다. 속절없이 트로트 〈봄날은 간다〉만 부르고 있다.

그렇다고 자연을 접할 방법이 없는 것은 아니다. 잘 그려진 그림 한 점은 자연 그 이상이 된다. 중국 송나라 화가 곽희郭熙는 이렇게 말했다. "산림에서 휘파람 불면서 한가하게 걷는 것은 누구나 동경하는 바이나 늘 그럴 수는 없다. … 만약 훌륭한 화가를 얻어 자연을 그럴듯하게 그려낸다면 집을 나가지 않고도 자연을 즐길 수 있다. 이것이 바로 산(자연)을 화폭에 담는 본래 뜻이다."(《임천고치》)

그림과 풍수는 전통적으로 밀접한 관계를 맺어왔다. 원나라 황공망黃公望은 "그림에도 풍수가 존재하는데, 수구水口 그리기가 가장 어렵다"고 했다. 수구란 좌청룡 우백호가 만나는 지점으로 물이 빠져나가는 곳이다. 청나라 고병高秉은 "그림을 그릴 때 풍수를 또한 따져야 한다"고 했다. 상하이미술관 부관장을 지낸 딩 시위안丁義元은 "바람風은 기氣의 움직임이며, 물水은 기가 뭉친 것"

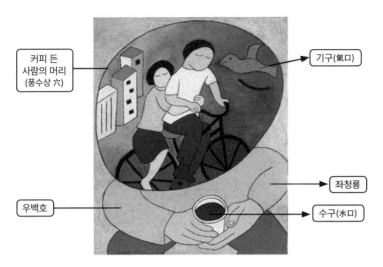

필자의 거실 벽에 있는 황주리 작가의 그림 〈그대 안의 풍경〉

으로 풍수를 정의했다. "좋은 그림은 풍수의 본질인 기가 생동적으로 형상화되어야 한다"는 것이 그의 지론이다. "풍수가 잘 형상화된 그림은 상서로운 기운이 서려 영물이 되며, 그것을 감상하거나 소장하는 사람의 길흉화복을 좌우한다. 그림을 걸어두거나 배치할 때도 공간적·시간적 원칙이 있다. 함부로 아무 데나 걸어서는 안 된다."(〈예술풍수〉)

황공망은 그림에서 수구를 중시했다. 한양의 경우 남산과 낙산 끝자락이 만나는 광희문(수구문) 부근이 수구이다. 사람들의 자연스러운 통로이자 기가 드나드는 통로_{氣口}가 된다. 기운생동_{氣韻生動}한 그림은 수구가 잘 형상화되어야 한다. 딩시위안은 황공망이 강조한 수구 개념을 '기구'로 계승·발전시켰다.

일반인들도 그러한 그림을 찾을 수 있을까? 어렵지 않다. 필자의 집 거실 벽에 손바닥보다 작은 소품 한 점이 기대어 서 있다. 알루미늄 초콜릿 박스에 그려진 그림이다. 그림이 좋아 몇 해 전 그곳에 두었는데, 지금도 그 자리를 꿰차고 있다. 황주리 화가의 〈그대 안의 풍경〉이다. 〈그대 안의 풍경〉은 수구와 기구를 어떻게 처리했을까? 수구水와 기구風가 분리되어 2중으로 나타난다. 통통하게 살이 찐 여인(?)이 두 손으로 커피 잔을 들고 있다. 커피가 가득 찬 것으로 보아 마시기 전이다. 커피의 따뜻함이 손을 통해 온몸으로 전달된다. 그 따뜻함은 '자전거를 탄 연인들'을 상상하게 한다. 아마도 커피를 든 여인의 소망이리라. 수구는 바로 커피 잔이다. 여인의 두 팔은 좌청룡 우백호이다.

그림 속의 자전거를 탄 연인 장면은 여인의 머리에 해당하는 부분이다. 풍수에서 말하는 기가 뭉친 곳穴이자 여인이 갈망하는 바이다. 그림 속의 그림이다. 그림 속의 그림에도 수구나 기구가 있어야 한다. 무엇일까? 다름 아닌 비둘기이다. 1970년대 히트송인 이석의 〈비둘기 집〉에서 "비둘기처럼 다정한 사람들이라면 ~"을 연상하기에 충분하다. 비둘기가 자전거를 탄 연인을 마주하여 날아가고 있다. 비둘기는 사랑의 기운을 넣어 주는 기구氣口이다. 연인은 도시의 고층 아파트를 떠나 메아리 소리 해맑은 오솔길을 따라 산새들 노래 즐거운 옹달샘터를 찾아 달려간다. 그곳에 포근한 사랑 엮어 갈 그런 집을 짓기 위해서이다. 위에서는 비둘기가 기를 넣어주고(기구), 아래서는 커피 잔이 기의 누설을 막아준다(수구).

　이 그림이 풍수적으로 좋은 이유는 또 있다(색채와 사물의 모양). 독자들께서 스스로 찾아보시길 권한다. 소품 하나로 집안 분위기를 바꿀 수 있다. 복을 부르는 인테리어 풍수의 핵심이다.

3

풍수,
대한민국의 오늘을 말하다

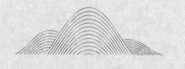

풍수·도참에 의해 태어난 청와대 터와 용산 터

청와대 터와 용산이 역사에 처음 등장한 것은 고려 숙종 때이다. 서기 1101년이다. 숙종 임금이 그해 9월 남경개창도감南京開創都監을 설치하고, 최사추, 임의, 윤관, 음덕전 등에게 명하여 현재의 경기도 일대 지세地勢를 살펴보도록 했다. 한 달 후인 10월 이들이 돌아와 보고했다.

"신 등이 노원역蘆原驛(현 노원구 일대)과 해촌海村(도봉산역 부근), 용산龍山 등에 가서 산수山水를 살펴보았는데, 도읍을 세우기에는 적당하지 않았으며 오직 삼각산三角山 면악面嶽의 남쪽이 산의 모양과 물의 형세가 옛 문헌에 부합합니다. 임좌병향壬坐丙向(남향)하여 형세를 따라 도읍을 건설하기를 청합니다."[20]

그보다 5년 전인 1096년의 일이다. 문종의 아들 숙종이 왕으로 즉위했다. 새 임금이 즉위하자 풍수술사 김위제[21]가 때를 놓치지 않고 임금에게 글을 올렸다. 김위제는 스스로 도선국사의 풍수법을 계승했다고 자칭한 인물이다. 그는 고조선부터 내려온 비기秘記 〈신지비사〉를 인용했다. 단재 신채호 선생은 〈신지비사〉를 고조선의 역사서로 평가하는데 그 속에 우리 민족의 풍수관이 깊게 배어 있기 때문이다. 풍수는 우리 민족의 역사와 함께한다. 풍수사風水史와 민족사는 함께한다. 김위제의 상소 핵심 문장이다.

"삼각산 남쪽이 오덕五德을 갖춘 땅으로서 삼각산 남쪽, 목멱산 북쪽에 도읍을 세우면 70개 국가가 조공을 할 것입니다."

'삼각산 남쪽, 목멱산(남산) 북쪽'은 지금의 청와대와 경복궁터를 말한다. 숙종 임금이 김위제 글에 관심을 가졌던 것은 70개

---

20 崔思諏等還奏云, "臣等就盧原驛‧海村‧龍山等處, 審視山水, 不合建都, 唯三角山面嶽之南, 山形水勢, 符合古文. 請於主幹中心大脉, 壬坐丙向, 隨形建都. 정인지, 《고려사》, 1451년

21 김위제(金謂磾): 1097년(숙종 1) 위위승동정(衛尉丞同正)이 되었고, 예종 때에는 주부동정(注簿同正)을 지냈다. 도선(道詵)의 풍수지리설을 배웠다. 1097년에 여러 비결을 인용하면서 남경(南京, 지금의 서울) 천도를 상소하였다. 핵심 내용은 다음과 같다. "《도선비기》에 따르면 인용하여 개성(송악), 한양(木覓壤), 평양 3경을 매년 3기로 나누어 순행하면서 임금 집무를 맡으면 36국이 조공을 한다고 합니다. 또 《도선답산가》에 따르면 고려는 개국 160년 후에는 한양(목멱양)에 도읍을 옮겨야 한다고 했습니다. 《삼각산명당기(三角山明堂記)》에 따르면 목멱(木覓, 지금의 남산)의 북쪽, 삼각산의 남쪽 평지(지금의 청와대, 경복궁 일대)에 도읍지를 정하면 사해가 모두 조공을 바칠 것이라고 하였습니다. 또 《신지비사(神誌秘詞)》에 따르면 개경, 평양, 한양에 삼경(三京)을 설치하면, 저울의 물건을 놓는 곳‧손잡이‧추와 같은 형국이 된다고 합니다. 삼경을 설치하면 70국이 항복하고, 또 한양은 오덕(五德, 水‧火‧木‧金‧土)을 두루 갖춘 지역이어서 반드시 여기에 도읍지를 정하고 임금이 집무를 해야 사직이 흥한다고 합니다." 김위제는 풍수설을 근거로 현재의 청와대, 경복궁 터를 최초로 도읍지로 언급한 인물이다. 오늘의 청와대, 경복궁 터는 김위제로 인해 생겨난 것이다.

78

국 조공설이다. 터를 옮기어 천자국이 된다면 이보다 좋을 것이 있을까? 숙종의 아버지 문종도 영민한 군주였으나 풍수설에 깊이 심취했다. 그 아들 숙종이 풍수설을 신봉한 것도 우연은 아니었다. 그러나 숙종은 즉각 상소를 수용하지 못했다. 대다수 신하들이 찬성했으나 유신柳伸과 유록숭庾祿崇이 반대했기 때문이었다. 이 둘의 반대는 '미신에 빠져 막대한 인적·물적 낭비가 불가하다'는 지극히 상식적인 주장이었다.

반대론이 느슨해질 즈음인 숙종 4년(1099년) 임금은 왕비, 왕자, 대신, 승려들을 이끌고 직접 김위제가 제시한 터(지금의 경복궁, 청와대 터)를 살폈다. 2년 후(1101년) 최사추, 윤관 등에게 다시 한번 가서 도읍지 터를 살피라고 명한 과정이 앞에서 소개한 내용들이다.

숙종은 왜 개경을 버리고 남경(서울, 경기도 일대)으로 천도를 하려고 했을까? 숙종이 개성이 아닌 '남경'에 도읍지를 옮기고자 한 목적이 무엇이었을까?

안보? 지방 균형 발전? 권력 강화?

정답은 풍수도참설이었다.

숙종 이전의 태조, 문종, 이후의 예종, 공민왕 등 고려 왕들은 말할 것 없고, 조선의 태조, 태종, 세종, 세조, 성종, 선조, 광해군, 숙종, 영조, 정조 등 모두 풍수설을 극진히 믿었다. 숙종이 즉위하자 일관日官(풍수관리) 김위제는 당시 유행하던 여러 비기祕記들을 인용하여 남경으로 천도할 때 예상되는 상서로운 일을 나열했다.

"사방의 국가들이 조공을 온다四海朝來 王族昌盛."[22]
"36개국이 조공을 온다三十六國朝天."[23]
"70개국이 조공을 한다七十國國朝降."[24]

여기서 말하는 '36개국, 70개국 조공'은 지금의 관점에서 보면 36개 혹은 70개국 대사관이 서울에 있다는 것이다. 숙종이 남경 천도를 했더라면 과연 70개국, 아니면 최소한 36개국이라도 조공을 왔을까? 고려 숙종의 남경개창도감에 의해 지어진 곳이 현재 경복궁, 청와대 일대의 이궁離宮이었다. 숙종은 여기서 집무를 하지 않았다. 왜 그러했는지에 대한 더 이상의 역사적 기록을 찾을 수 없다.

새 정부가 집무실로 쓰고자 하는 '용산'은 이때 처음으로 등장한다. 그러나 고려의 풍수 관리日官와 대신들의 최종 결론에서 용산은 탈락한다. 조선왕조가 들어서면서 개경의 지기가 쇠했다는 이유로 지금의 청와대, 경복궁 터가 조선왕의 '공식 집무실'로 등장한 것이다. 문제는 조선의 왕들이 청와대, 경복궁 터를 집무실로 활용하면서 생겨난 흉지론이었다. 흉지론은 조선왕조 500년

---

22 《도선비기》
23 《도선비기》
24 《신지비사》

내내 왕들을 괴롭혔다. 그리고 해방 이후에도 역대 대통령들을 괴롭혔다.

청와대, 경복궁 터 길지론 vs 흉지론 전말

조선은 고려를 멸망시킨 후, 개경을 버리고 한양으로 도읍을 옮겼다. 현재의 경복궁, 청와대 터이다. 그곳은 처음에 길지라고 여겨져 터를 잡은 것이었으나, 흉지설이 곧 불거졌다. 1404년 당시 임금이었던 태종은 조준, 하륜 등 대신 및 풍수사 이양달, 윤신달 등을 불러 터가 잘못됐음을 질책했다.

> "내가 풍수 책을 보니 '먼저 물을 보고 다음에 산을 보라'[25]고 했더라. 만약 풍수 책을 참고하지 않는다면 몰라도 참고한다면 이곳은 물이 없는 땅이니 도읍이 불가함이 분명하다. 너희가 모두 풍수지리를 아는데, 처음 태상왕(이성계)을 따라 도읍을 정할 때 어찌 이 까닭을 말하지 않았는가."

그러나 의견이 다른 사람들도 있었다. 그 당시의 풍수 관료 이양달, 고중안은 그곳이 길지임을 거듭 강조했다. 이 가운데 이

25   先看水後看山

81

양달은 고려, 조선 두 왕조에 활동한 풍수 관리였다. 훗날 세종 임금은 그 업적을 인정하여 1품 벼슬을 준다. 조선왕조 지관들 벼슬 가운데 최고위에 오른 인물이다. 이양달의 주장을 태종도 무시할 수 없었다. 처음에는 청와대, 경복궁 터를 불신했던 태종 이었지만, 이곳에서 왕권을 확립하고 나라를 다스려 조선왕조 기틀을 다졌다.

지금의 경복궁, 청와대 터가 흉지라는 논쟁은 세종 15년(1433년) 부터 있었다. 당시 풍수 관리 최양선이 장본인이다. 이후 30년의 긴 세월이 흘렀다.

> "경복궁의 북쪽 산이 주산이 아니라, 목멱산(남산)에서 바라 보면 향교동(현재, 운니동 부근)과 이어지는 승문원(현재, 현대 사옥 일대)의 자리가 실로 주산이 되는데, 도읍을 정할 때에 어째서 거기다가 궁궐을 짓지 아니하고 북악산 아래에다 했 을까요."

여기에 청주 목사 이진도 가세를 했다. 이진은 박학다식한 데다 정치적 능력도 탁월하여 조정에서 신임을 받은 유신儒臣이었다.

> "대체로 궁궐을 짓는데 먼저 사신四神의 단정 여부를 살펴야 합니다. 이제 현무인 백악산(북악산)은 웅장하고 빼어난 것 같으나 감싸주지 않고 고개를 돌린 모양이며, 주작인 남산은

낮고 평평하여 약하며, 청룡인 낙산은 등을 돌려 땅 기운이 새 나가며, 백호인 인왕산은 높고 뻣뻣하여 험합니다."

현재 시중의 술사들이 청와대 터가 흉지라고 주장하면서 마치 자신들의 독특한 풍수관인 것처럼 떠들고 있으나, 최양선과 이진의 주장에 이미 다 지적된 내용이다. 이진이 유학자이면서 풍수에 능했다고 왕조실록은 기록하고 있으나, 이진의 맹점은 풍수의 핵심을 간과했다는 것이다. 풍수에서 땅을 보는 기본은 '龍穴爲主, 砂水次之(용혈위주사수차지)'로 요약된다. 즉, 용龍(삼각산에서 청와대로 이어지는 산줄기)과 혈穴(청와대와 경복궁 터)을 먼저 살피고, 그 다음에 사砂(북악산, 인왕산, 낙산, 남산)와 물길(청계천) 순서로 중요도를 두어 살피는 것이 풍수 기본이다. 그런데 이진은 용龍과 혈穴은 따지지 않고, 사砂만 살핀 것이다. 풍수의 본말을 모른 것이다. 현재 시중의 풍수사들 대부분도 이와 같다.

풍수설을 신봉했던 세종 임금도 진지하게 생각하지 않을 수 없었다.

"최양선은 미치고 망령된 사람이라 실로 믿을 것이 못 된다. 그러나 무식한 나무꾼의 말도 성인이 가려듣는다 했다. 나무꾼보다는 최양선이 나을 것이기에 전 청주목사이었던 이진을 시켜 최양선과 함께 목멱산에 올라가서 바라보게 했더니, 이진도 역시 최양선의 말이 옳다고 한다. 대체로 지리서란

속이 깊고 멀어서 다 알기 어렵지만 높은 데 올라서 보면 주
산의 혈맥은 볼 수 있을 것이다."

세종은 풍수에 능한 자들과 논의해야 한다고 승정원에 지시
했다. 황희, 신상 등과 도승지 안숭선은 임금의 명을 받고 직접
남산에 올랐다. 풍수관리 최양선, 이양달, 고중안, 정앙 등 풍수
에 능한 대신들로 하여금 토론케 하고 경복궁 뒷산인 백악산 산
줄기를 살폈다. 그들의 토론에서 두 가지 의견이 나왔는데, 이양
달 고중안, 정앙과 같은 풍수 관리들은 경복궁 길지설을 말했다.
반면, 최양선 등은 흉지설을 주장했다. 경복궁 길지설을 주장하
는 측의 의견은 이러했다.

"백악산은 삼각산 봉우리에서 내려와 보현봉이 되고, 보현봉
에서 내려와 평평한 언덕 두어 리가 되었다가 우뚝 솟아 일
어난 높은 봉우리가 곧 북악입니다. 그 아래에 명당을 이루
어 널찍하게 바둑판같이 되어서 1만 명의 군사가 들어설 만
하게 되었으니, 이것이 바로 명당이고, 여기가 곧 명당 앞뒤
로의 한복판 되는 땅입니다."

결론이 도출되지 않자 세종이 직접 백악산에 올라가 지세를
살피면서 동시에 양측의 주장을 청취하고 결론을 내렸다.

"오늘 백악산에 올라서 오랫동안 살펴보고, 또 이양달과 최양선 등의 양측 말을 들으면서 여러 번 되풀이로 살펴보니, 보현봉의 산맥이 곧게 백악으로 들어왔으니 지금의 경복궁이 제대로 된 명당이다. 최양선은 미치고 망령된 사람으로 실로 믿을 것이 못 된다."

청와대·경복궁 터와 관련하여 세종의 풍수행위를 살펴보면 진정 성군의 덕목이 드러난다. 그는 대신들과 풍수관리들의 풍수설을 경청하였을 뿐만 아니라 직접 북악산까지 올라가봤다. 또한 풍수설을 바탕으로 청와대·경복궁 터의 풍수상 길흉 여부를 결정한 것이다. 흥미로운 것은 자신은 주산인 북악산을 직접 올라가고, 대신들과 풍수관리들은 객산인 남산을 올라가게 한 점이다. 객산인 남산을 세종 임금이 가보지 않는 것은 그곳은 '아랫것'인 손님의 땅이기 때문이었다.

세종의 뒤를 이은 문종과 단종 역시 최양선을 싫어했다. 하릴없는 최양선은 고향 서산으로 은퇴했다. 그러나 세조가 집권하자 최양선은 다시 경복궁 흉지설을 주장하는 글을 올려 세조와 대면 기회를 가졌다. 서기 1464년(세조 10년)의 일로 그때 최양선 나이는 80세가 넘었다. 그러나 그의 주장은 동석한 후배 풍수관리 최연원에게 여지없이 논박당했다. 세조는 나이 많은 최양선을 벌하지 않고 웃으면서 의복을 주어 내보냈다. 이때 장면을 사관은 다음과 같이 기록하고 있다.

"성질이 우활하고 기괴하며 험악하여 자기 소견만이 옳다 하고 … 술법을 잘못 풀면서 음양 · 지리에 정통하다고 하니 천하의 미친놈이다."

경복궁 흉지설은 조선 초 30년 동안 조정과 전국을 흔들었던 사건인데, 최양선 한 사람에 의해 집요하게 조작된 것이다.

안타까운 것은 최양선을 논박한 풍수학인 최연원崔演元의 운명이었다. 최연원은 풍수지리와 역술에 해박한 지식과 논리를 갖추었다. 그 까닭에 최양선에 의해 제기된 30년 동안의 청와대 · 경복궁 터 흉지론을 단 한 번의 논쟁으로 마무리를 짓는다. 그의 주장은 왕조실록에 전문이 남아 있다. 지금도 청와대 · 경복궁 터 흉지론을 주장하는 풍수사들이 있다. 그들이 최연원의 주장 전문을 읽어본다면 더 이상 흉지론을 주장하지 못할 것이다. 그렇게 뛰어난 최연원은 '남이 장군 역모'에 연루되어 인생이 꺾인다. 모든 직책을 빼앗기고 변방에 충군되어 고생하다가 성종 임금 때 군역에서 풀려나지만, 더 이상 풍수관료(지관)로 활동하지 못한다. 남이 장군 역모 사건에 연루되었다고 하지만 최연원에게는 너무 억울한 것이었다. 남이 장군이 최연원에게 운명을 점쳐 달라고 부탁을 하고, 이때 최연원은 남이 장군에게 "장군의 운명은 불행하게 끝납니다"라고 했다. 그것이 전부였다. 그럼에도 역모에 걸린 것이다.

광화문 광장의 세종대왕 상

    그곳에 살았던 3대를 보면 터의 길흉을 알 수 있다.[26] 조선 임금들의 통치 행위가 이루어진 경복궁을 살펴보자. 지금의 영토 형태를 대부분 갖춘 것도 태종부터 세종까지, 경복궁에서 통치가 이루어지고 있던 시기였으며, 조선의 가장 위대한 업적이라고 할 수 있는 한글 반포도 경복궁 통치 당시였다. 왕권 확립과 문화 융성을 동시에 달성한 세조, 《경국대전》을 완성하고 배포한 성종까지, 조선의 전성기는 경복궁(지금의 청와대 터)에서 시작되고 완성된 것이다.

    경복궁 터가 '흉지'라서 조선왕조가 망했다고 말하는 풍수술

26   欲知其吉凶, 先看三代主,《조선왕조실록》

사도 있지만, 500여 년이나 지속된 왕조를 망했다고 표현하는 것은 어폐가 있다. 단일 왕조 평균 유기 기간은 세계적으로 봤을 때 200년 정도다. 그 배 이상의 생명을 유지한 왕조에게는 어울리지 않는 말이다.

물론, 조선이 망할 뻔한 순간도 있었다. 임진왜란 때다. 오히려 임진왜란으로 망한 나라는 조선을 도운 명나라였다. 군대를 파견했다 그 공백을 파고든 여진족에게 나라를 빼앗긴 것이다.

현대사에서는 경복궁 터가 흉지라는 풍수술사의 말이 유효할까? 경제대국의 기반을 닦고 절대 빈곤을 해결한 박정희, 올림픽 역사상 가장 의미 있는 순간을 만들어낸 서울올림픽을 개최한 노태우, 노벨평화상 수상으로 국격을 높인 김대중(월드컵 4강 신화도 빼놓을 수 없다) 모두 청와대에서 역사를 이루어냈다. 노무현은 어땠을까? 민주주의를 진일보시킨 서민 대통령으로 유엔 사무총장을 배출해냈다!

10대 경제 대국, 6대 군사 강국으로 확고히 자리 잡은 대한민국은 세계 최고의 문화 선진국이자 단기간에 근대화와 민주화, 세계화에 성공한 유일한 나라다. 이 모든 것이 청와대가 대통령의 공간이었을 때 이루어진 업적이다.

헤겔은 이렇게 말했다. "이성Vernunft은 그것의 자유의지를 역사 속에서 실현하기 위해 스스로를 공물로 삼지 않고 정열과 야망을 지닌 개인을 활용한다." 대통령의 불행한 말로는 개인의 불행이다. 절대 국가의 불행이 아니다. 영웅과 마찬가지로 대통령 또한 헤겔이 말한 "역사의 하수인"으로서 존재한다. 알렉산더, 시저, 나폴레옹이 그랬던 것처럼, 때가 되면 가차 없이 버려지고 용도 폐기된다. 그것이 한 나라를 이끄는 지도자의 운명이다. 집무실을 옮기는 것이 열정과 야망이 아니라 터의 길흉 때문이라면, 그것은 지도자로서의 운명을 받아들이지 않겠다는 의미다.

그렇다면 청와대가 절대적으로 길지라는 말인가? 시대와 사회를 초월하여 절대적 길지와 절대적 흉지는 없다. 조선이라는 특수상황에서 경복궁 청와대 터가 길지였다. 중국, 몽골, 여진, 일본, 왜구에 조선은 늘 시달렸다. 군사적으로도 경제적으로도 강국이 아니었다. 중국 천자국의 도움으로 제후국으로서 조용히 '찌부러져' 존속했다. 중국 이외에 그 어느 나라와도 교류 없이 연명했다. 이를 고려하면 사방이 산으로 둘러싸인 '산 풍수' 청와대·경복궁 터는 적격이다.

윤명철(동국대 명예교수, 우즈베키스탄 국립사마르칸트대학 교수)은 이와 같이 지적했다.

"한양은 조선 지식 관료들의 수도, 방어적인 약소국의 수도로는 적합한 환경이었다. 반면에 국가산업과 상업, 무역을 발전시키는 경제도시, 개방적인 국제도시의 역할로서는 부족하다. 따라서 시설들을 보완하고, 도시 시스템을 변화시켜야 했다. 사대문, 사소문과 연결된 육로를 확장하고 신도로를 개설해서 사통팔달하게 만들어야 했다. 한강에는 자연 나루터가 아닌 부두를 신축하고, 창고, 시장 시설을 보완해 항구들을 개발해야 했다. 청계천을 계속 준설해 수로망으로 활용하고, 고구려의 평양성처럼 용산 강에서 남대문까지도 수레 길이나 운하를 건설해야 했다. 외곽 도시들, 특히 인천, 김포, 강화 등에 항구도시들을 개발해 한양과 유기적인 시스템을 구축했어야 했다. 또 강변 방어 체제를 촘촘하게 쌓고 강상수군도 양성해야 했다."

바로 이 점에서 청와대 터는 우리 시대 대통령 집무실로는 맞지 않다. 용산 터가 바로 우리 시대에 더 적절한 대통령 집무실일 수 있다. 문제는 용산의 '어디가 진혈처인가?'이다.

용산 풍수의 특징과 역사

용산이 도읍지 후보로 우리 역사에 처음 등장한 때는 고려 숙종 1101년이라고 앞에서 언급했다.[27] 청와대 터와 용산 터는 지금은 서울시 같은 행정구역으로 가까운 거리에 있으나 풍수상

---

27 한강 변의 용산이 역사서에 등장하는 것은 《고려사》에서였지만, '용산'이란 지명은 아주 오래 전부터 우리 민족과 아주 깊은 인연이 있었다. "고구려의 건국자 주몽(추모)이 죽어 묻힌 곳이 용산이었다. 고구려의 두 번째 수도 국내성에도 용산이 있는데 장군총이 그 아래에 있다. 또 오녀산성을 용산으로 부르기도 한다. 중국과 마찬가지로 고구려도 임금을 용구로 인식했다. 용산은 용의 머리, 즉 가장 위대한 자의 땅을 말한다."(윤명철 국립사마르칸트 대학 교수)

전혀 다른 공간 구조와 성격을 갖는다. 간단히 비교하면 다음과 같다.

청와대 터는 주산 북악산 바로 아래에 있고, 용산은 주산인 남산에서 한참 떨어져 있다. 풍수 고전《금낭경》은 이를 '고산룡'과 '평지룡'으로 구분한다. 고산룡의 터 청와대·경복궁은 삼각산 높이로 솟은 데서부터 내려오는데, 생기生氣가 드러나 흩어지기 쉬우므로 바람이 두렵다. 이 단점을 보완해주는 것이 바로 북악산, 인왕산, 낙산, 남산이다. 사방을 산으로 감싸주어 길지가 된다. 이런 형국을 '장풍국藏風局'이라고 무라야마 지준은 명명했는데, 이를 우리는 '산 풍수'라고 바꾸자고 제안했다.

평지룡 터는 평지에서 솟은 것인데, 생기는 땅속으로 가라앉으므로 바람 부는 것을 두려워하지 않는다. 사방에 산이 없더라도 좋다. 다만 이때 기의 흐름을 멈춰줄 수 있는 큰물이 필요하다. 용산이 바로 그러한 평지룡의 터이며, 이때 필요한 물은 한강이다. 따라서 용산은 한강이 있음으로써 길지가 된다. 전통적으로 이와 같은 형국을 '득수국得水局'이라 불렀지만, 우리는 '물 풍수'라 부른다.

장풍국(산 풍수)인가, 득수국(물 풍수)인가에 따라 기氣가 다르다. 기는 인간과 사회에 영향을 끼쳐 그 결과 역사가 달라진다. 산 풍수가 인물, 권력, 명예, 명분의 땅이라면, 물 풍수는 재물, 예술, 문화의 땅이다. 장풍국은 폐쇄적이며, 득수국은 개방적이다.

일본과 조선의 도읍지 풍수를 비교하면 쉽게 이해된다. 교토와 에도(도쿄)는 물 중심으로 터를 잡았으나, 조선왕조는 산을 고집했다. 산은 사람을 고립시키지만, 물은 사람을 모이게 한다. 그 결과 일본과 조선의 운명이 달라졌다. 일본은 19세기에 이미 해상강국이 되어 제국주의 열강 대열에 진입했다. 반면 조선은 끝까지 성리학이란 계급 독재에 매몰되어 쇄국을 고집하다가 망했다. 이 부분에서 역사학자 윤명철 교수의 견해와 부합한다. 윤 교수는 용산의 장·단점을 다음과 같이 정리했다.

"용산은 '강해江海 도시'이다. 긴 강의 하구로서 효율성이 높은 바다가 이어지는 접점에 있는 '하항도시'와 해안가의 '해항도시'라는 두 개의 성격을 동시에 가졌다. 강해 도시는 첫째, 교통의 허브라는 유리함을 이용하여 중계업을 하고, 외국과 무역에 유리하다. 농산물과 수산물, 내륙의 임산물 광산물 등을 유리한 조건으로 공급받을 수 있다. 둘째, 정보와 문화의 허브hub 역할에도 유리하다. 내륙에서는 차단된 대외적인 정보들과 국제정세들을 신속하고 정확하게 입수할 수 있다. 해양문화와 외국문화들도 여과 없이 전달될 수 있다. 셋째, 문화의 수입처이면서 생산처이고, 동시에 배급처 기능도 했다. 한강 중류와 하류 지역에서는 고대 중국 지역의 수입품들이 많이 발견되었다.

고려 말까지 용산강 일대는 10리의 길고 아름다운 호수였다.

때문에 고려 시대에는 개경 사람들의 유람지였다. 그런데 조선 초에 건너편인 염창 부근의 모래 언덕이 붕괴되면서 물이 들어와 용산 강으로 변했다. 당연히 남대문과 가까운 이곳은 지방에서 온 세곡 수송선들이 집결하는 항구가 됐고, 더불어 모든 물류망의 거점이 되었다.

용산에 크고 견고한 부두 등을 건설하여 개경의 벽란도처럼 국제적인 항구로 만들 필요가 있었다. 그리고 조선 초에 하륜이 제안했던 것처럼 도성까지 운하를 건설했다면 한양은 국제적인 수도가 될 수 있었고, 조선과 조선 사람들의 운명도 많이 달랐을 것이다. 이러한 이점과 필요성을 인식해 일제도 남대문까지 운하 건설을 예정했었다. 그 후 3백여 년이 지나면서 한강의 수위가 낮아졌고, 염창 모래언덕에 진흙이 쌓이면서 물이 들어올 수가 없었다. 당연히 조운 선박들은 조금 하류인 마포와 서강 방면으로 후퇴했다.

만약 산기슭의 풍수 도시인 한양(산 풍수)과 한강이라는 천혜의 부두를 갖는 용산 지역(물 풍수)을 유기적으로 연결시키면 서울 지역은 '수륙교통'과 '해륙교통'이 교차되면서 상호 호환성을 지닌 강해 도시이면서 안정성과 미학적 가치가 뛰어난 이상 도시가 됐을 것이다.

수도의 선택은 정권의 운명이 아니라 국가의 운명과 백성의 생존이 걸린 문제이므로 실용성, 국제 질서, 국가 미래를 고려해야 한다. 무엇보다도 국민이 공동 책임을 지는 현대 민

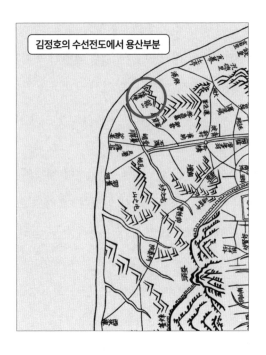

김정호의 수선전도에서 용산부분

주주의 사회에서는 국민의 합의와 책임 의지의 점검이 우선임을 잊어서는 안 된다."

윤명철 교수의 용산 풍수(물 풍수)의 이점은 위와 같다.

진실로 윤 대통령이 '지도자의 위대한 직관'으로 '신속한 용산 시대'를 열고자 하는 걸까? 직관Anschauung이란 하느님이 인간에게 부여한 초월적 힘이다. 막스 베버가 말한 '카리스마적 지도자' 역시 직관을 바탕으로 한다. 베버의 카리스마 개념은 중세 독일의 신비주의자 마이스터 에크하르트까지 거슬러 올라간다.

에크하르트는 이와 같이 말했다.

"살아가는 어느 순간 외부 세계로부터 고개를 돌려라. 눈을 감아라. 그리고 내면을 투시해라. 어느 순간 자신의 내면에서 신의 계시와도 같은 영혼의 불꽃이 타오를 것이다."

그 영혼의 등불로 인간과 사회 그리고 대지를 비추어본다면 누구나 예언자가 될 수 있을 것이다. 위대한 지도자들에게는 분명 '카리스마'가 있다. 해방 이후 우리 대통령들 가운데 그러한 직관으로 더 나은 대한민국을 만들고자, 집무실을 옮기고자 한 대통령이 있었다. 다름 아닌 박정희 전 대통령과 노무현 전 대통령의 천도론이 그것이다. 그러나 그들은 좌절했다.

박정희와 노무현의 천도론과 대선 후보들의 집무실 이전론

대통령 집무실 이전 논의는 이번이 처음은 아니다. 박정희 전 대통령과 노무현 전 대통령은 집무실뿐만 아니라 수도를 아예 옮기려 했다. 특히 박정희 전 대통령은 이에 대해 진지하게 고민했다. 그는 이승만 대통령이 한국전쟁 직후 수도 이전을 하지 못한 것을 아쉬워했고, 대덕 연구단지를 건설할 때에는 그곳을 수도로 염두에 두지 못한 걸 후회했다. 그래서 그는 1977년 '임시

행정수도' 건설을 발표하게 된다. 인구 집중, 국토 발전 등 이유
는 다양했지만 '북한의 사정거리 안에 서울이 들어 있다'는 사실
이 가장 컸다.

단장 오원철[28]을 중심으로 임시행정수도 건설을 위해 기획단
이 구성됐고, 암호 '백지계획'으로 진행되었다. 충남 공주시 장
기면(현 세종시 장군면) 일대가 바로 그 터다. 특히 진산 국사봉에
는 김종서(세종 때 인물) 장군의 무덤이 있어 쉽게 찾을 수 있다.
그러나 1979년 대통령 서거와 함께 백지계획은 문자 그대로 백
지화되었다.

그로부터 20여 년 후, 대선후보였던 노무현 전 대통령은 2002
년 당시 '신행정수도건설' 공약을 내세웠다. 국가 균형 발전을
위해 충청권으로 행정수도를 옮기자는 내용이었다. 대통령 당선
이 되고 그는 신행정수도건설추진단(단장 이춘희, 현 세종시장)을
만들었다. 그러나 이 또한 헌법재판소 위헌판결로 인해 '백지화'
되고 말았으며 그 대신 행정부처만 옮기는 '행정중심복합도시건
설안'이 통과되어 지금의 세종시가 탄생했다. 충청권에 수도를
이미 옮겼더라면 지금의 '대통령 집무실 이전' 논의는 생기지 않

---

28 오원철(1928~2019년): 박정희 대통령 당시 충남 공주군 및 연기군의 장기지구(당시 장기면, 현 세종특별자치
    시 장군면)에 임시 행정수도를 건설하는 일명 백지계획도 총괄했다. 20여 년 후 노무현 정부 당시 '행정중심복합
    도시'로 건설된 세종시가 바로 그 옆이다. 1979년 박 대통령이 시해되지 않았다면 '신행정수도 건설기획단장'이
    되어 도읍지 이전을 주도했을 인물이다(노무현 대통령 때는 이춘희 현 세종 시장이 그 역할을 맡음). 1980년대
    전두환 정권에 의해 부정축재자로 몰려 전 재산을 몰수당하고, 이후 12년 동안 자택에서 칩거해야만 했다. 그가
    당시 박 대통령에게 보고한 '천도론'은 (백지계획)이란 보고서 형태로 남아 있다(필자도 그 책을 참고하여, 노무
    현 대통령 당시 '신행정수도이전' 자문위원으로 활동하였다).

앉을 것이라고 감히 생각해본다. 필자는 신행정수도건설추진단 자문위원으로 활동했기에 그 과정을 잘 알고 있다.

천도론은 아니더라도 대선후보들의 집무실 이전론은 줄곧 있었다. 2017년 3월 박근혜 대통령이 파면되자, 대선주자들 가운데 문재인, 안철수, 안희정, 유승민 후보가 대통령 집무실을 옮기겠다고 공약했다. 공약은 실현되지 않았다. 문재인 후보가 대통령에 당선되자 '광화문대통령시대위원회'가 꾸려졌다. 그런데 2019년 1월, 유홍준 위원은 춘추관에서 공약 파기를 발표했다. "청와대 주요 기능을 대체할 부지를 광화문 인근에서 찾을 수 없다. 그러나 풍수상 불길한 점을 생각할 때 옮겨야 마땅하다."

실수였다. 공약은 지켜져야 했다. 광화문정부청사가 집무실로 기능이 가능했다. 지하철 경복궁역에는 광화문정부청사로 연결되는 출입구가 있다(현재는 폐쇄됨). 이 출입구를 통해 길 건너 고궁박물관이 연결된다. 고궁박물관을 부속실로 활용하면 문재인 대통령의 '광화문대통형시대'는 가능했다.

왜 공약을 지키지 못했을까? 대통령이 우유부단했다. 광화문대통령시대위원회와 경호실이 반대를 하더라도 취임 후 신속하게 집무실 이전을 강행했어야 했다. 시간을 다투는 문제였다. 문재인 대통령은 이를 간과했다. 광화문시대위원회에 맡겨놓고 허송세월하다 2년이 지났다. 이를 안타깝게 여긴 필자는 월간조선에 장문의 글을 기고했다. 진심으로 빨리 대통령 공약이 수행되기를 바라는 절박함에서였다. 다음은 관련 핵심 문장이다.

"문재인 대통령이 대선공약 '광화문 집무'를 이행한다 하더라도 일러야 2019년에나 가능하다. 임기의 절반을 보낸 뒤의 일이다. 그다음은 어떻게 될 것인가? 만약 지금의 여당이 재집권한다면 문제가 없으나 야당이 집권한다면 광화문 집무실을 활용할지 의문이다. 다시 청와대로 복귀할 것인가? …도읍지를 옮기는 것만큼은 어렵지 않으나 대통령 집무실 이전도 간단하지 않다. 굳이 해야 한다면 몇 가지 전제하에서 그리고 '공론화' 과정을 거쳐서 이루어져야 한다.

첫째, 세계 10대 경제대국이 된 대한민국이다. 한류는 전 세계를 열광시키고 있다. 이에 걸맞게 대통령 집무실도 국격을 갖추어야 한다.

둘째, 남북통일 후의 수도를 염두에 두어야 한다.

셋째, 현재 과천, 대전, 세종 등으로 분산된 각 부처들과의 관계도 고려해야 한다.

몇 가지 대안을 생각해볼 수 있다.

첫째, 서울을 떠나 세종시로 옮기는 방안이다. 세종시에는 원래 대통령 집무실을 위해 마련된 공간이 지금도 빈터로 남아 있다. 세종시의 주산인 원수산 지맥을 받은 혈처六處를 그대로 비워두고 있다. 신행정수도건설추진단 단장을 시작으로 처음부터 세종시 건설의 책임을 맡았던 이춘희 현 세종시장의 일관된 철학의 결과물이다. 그러나 이미 헌법재판소에서 '수도 이전이 위헌'이란 판결이 난 만큼 개헌에 가까운 큰 변화가 있어야 세종시로 옮길 수 있기에 현실적으로 어려움이 많다. 그러나 '대통령 집무실 별관'은 충분히 생각해볼 수 있다. 지방균형발전에 도움이 된다.

둘째, 정부과천청사를 대통령관저와 국회의사당으로 활용하는 안이다. 소설가 이병주가 소설《바람과 구름과 비》에서 도읍이 될 만한 곳으로 묘사한 곳이기도 하다. 웅장한 관악산을 주산으로 그 아래에 대통령궁과 국회의사당이 들어선다면 경제대국에 걸맞은 공간 배치가 될 것이다. 특히 정부과천청사 옆의 '중앙공무원교육원'은 그대로 대통령 집무실과 관저로 활용할 수 있다. 원래(박정희 대통령 재직 시) 대통령 집무를 염두에 두고 지어졌기 때문이다. 문제는 행정구역이 경기도이기에 '천도론' 논쟁에 휘말릴 수 있다. 그러나 행정구역 개편으로 이곳을 서울로 편입시킨다면 별 어려움이 없다.

셋째, 사대문안에서 대통령 집무실을 옮기는 경우이다. 이 경우 몇 가지 후보지가 등장한다.

경복궁 동쪽에 자리한 국립현대미술관 서울관은 10여 년 전까지 국군기무사령부가 자리하던 곳이다. 군사시설이었기에 지하시설도 완비되어 보안상 어려움이 없다. 이곳은 경복궁 내청룡에 해당되는 자리이다. 백호가 예술과 재물을 주관한다면, 청룡이 명예와 벼슬을 주관하는 기운을 갖는다.

이곳이 불가하다면 국립현대미술관에서 조금 내려와 대한항공이 소유하고 있는 송현동 빈터(덕성여자중학교와 종로문화원 사이의 빈터로서 이건희 기증관이 들어설 예정)가 있다. 원래 국방부 소유에서 미국 대사관 숙소 부지로 주인이 바뀌었다가 대한항공이 사들인 곳이다. 7성급 호텔을 지으려다 허가를 받지 못한 곳이다. 이곳에 대통령 집무처가 새로이 들어선다면 경복궁과 함께 우리 민족의 '과거와 현재'를 보여줄 수 있는 입지이다.

또 하나의 방법은 기존 궁궐을 활용하는 방안이다. 경복궁을 대통령궁으로 활용하는 것이다. 광화문을 통해 당당하게 대통령과 관료들이 대통령궁으로 들어가고, 우리나라를 방문하는 외국의 대통령과 사절들도 여기서 맞게 한다. 품격 있는 공간이 확보되면 그에 걸맞게 사람들이 채워진다.

풍수적으로 논란이 된 적이 없는 경희궁도 대통령 집무실로 사용하면 좋을 곳이다.

그러나 이보다 더 구체적이며 실현 가능성이 있는 것이 경희궁 활용이다. 경복궁, 창덕궁, 덕수궁에 비해 방문객도 그리 많지 않고, 인근의 주요 공공건물들(서울역사박물관, 서울시교육청, 기상청서울관측소)을 부속 건물로 활용할 수 있다.

경희궁은 1617년(광해군 9년) 풍수술사 김일룡이 새문동에 새로 궁궐을 지을 것을 청하면서 세워졌다. 왕기가 서렸다는 이유에서였다. 그곳은 원래 광해군의 이복동생 정원군의 집터였다. 광해군은 이복동생의 집터를 빼앗아 궁궐을 지었으나 인조반정으로 임금 자리에서 쫓겨나고 원래의 주인(정원군과 그 아들 인조) 차지가 된다.

조선이 망한 뒤 일본인 중학교로, 그리고 해방 이후 서울고등학교 터로 활용되다가 최근에 일부가 복원되었다. 풍수적으로 흉지라는 소문이 한 번도 없던 곳이다. 경희궁을 추가 복원하되 내부를 현대식으로 하여 대통령 집무실로 활용하는 것은 어려운 일이 아니다.

남북한이 대치하기에 보안이 중요하다. 경희궁 동쪽 담장과 인접한 곳에 거대한 지하벙커(280평 규모)가 있다. 일제가 미군의 폭격을 대비하여 만들어놓은 피란 시설로서 조금만 손보면 지금도 집무가 가능한 완벽한 지하 벙커이다.

경희궁 뒤쪽의 나지막한 언덕은 대통령과 참모 그리고 행정관들의 산책 공간으로도 좋다. 광해군이 이 터에 유난히 눈독 들였던 것은 왕기가 서렸다는 이유에서였지만 실제로 그가 생각하는 거처의 이상 조건 즉, '거처는 반드시 밝고 넓게 트인 땅이어야 한다居處必取疏明開豁之地'에 부합했기 때문이다. 풍수의 문외한이라도 경희궁의 정전인 숭정전 앞에서 보면 '밝고 넓게 트인 땅'임을 알 수 있다.

전 세계가 열광하는 한류의 근원지로서 대통령의 집무실이 전통 궁궐 양식이라면 이보다 더 좋은 일이 있을까? 세계경제대국이자 문화강국에 걸맞은 새로운 대통령궁이 탄생하기를 기대한다. 아울러 청와대 흉지론도 더 이상 풍수라는 이

풍수상 대통령 집무실로 최고의 길지인 경희궁 전경

그 옆에 있는 지하벙커

유로 언급되지 않기를 바란다. 땅이 무슨 잘못인가?"[29]

만약 문재인 대통령이 광화문시대 공약을 이행했더라면, 2022년 3월 9일 대선에서 정권을 야당에게 빼앗겼을까? 그리고

29   《월간조선》, 2017년 12월호

과연 '용산 대통령 집무실 이전론'은 등장했을까? 풍수로 대한민국 미래를 논하는 이유이다. 대한민국과 조선왕조 말고 이웃 일본과 중국, 그리고 조선이 멸망시킨 고려 왕조의 풍수관을 가지고 살펴보자. 미래 대한민국의 국운을 위해 어떠한 풍수관과 어떠한 대통령 집무실 터를 가져야 할지 답을 찾을 수 있다.

땅을 모욕하는 권력자여, 지구를 떠나거라

"성자盛者는 필쇠必衰라. 흥한 자도 언젠가는 반드시 망한다. 오늘에 이르기까지 단 한 번의 예외도 없는 역사의 순리이다." 이탈리아 역사에 관한 소설을 써서 유명해진 시오노 나나미의 성자필쇠론盛者必衰論이다.

지금은 관광도시로만 알려진 베네치아는 천년 역사를 지닌 공화국이었다. 이민족 침입을 피해 바다로 피란한 베네치아 사람들은 갯벌에 말뚝을 빽빽하게 박고 그 위에 육지에서 가져온 돌들을 쌓아 지반을 다졌다. 그리고 그 위에 도시국가를 만들었다. 자원이라고는 소금과 생선밖에 없어 생계가 막막한 그들은 해양무역으로 활로를 찾았다. 천년 넘게 지중해의 해상 강국이 되었다. 공화국 국체만 건드리지 않으면 모든 것이 허용되는 자유의 나라였다.

서울 종로구 보신각 인근에 세워진 표지석. 전두환 정권은 '바르게 살기' 운동을 펼치고 '바르게 살자' 구호를 새긴 표지석을 곳곳에 세웠다. 물론 이 구호를 따라 바르게 산 사람은 없었다.

베네치아 공화국은 1797년 나폴레옹의 침략으로 멸망했다. 그 멸망에 대해 시오노 나나미는 다음과 같이 말했다.

"모든 국가는 반드시 한 번은 전성시대를 맞는다. 그렇지만 반드시 망한다. 교만해졌기 때문이다. 그러나 베네치아는 교만해서 망한 것이 아니다. 베네치아의 멸망은 마치 질병과 시련을 여러 번 극복하다가 천수를 다한 인간의 죽음과 같았다."

성자필쇠론과 유사한 풍수설이 지기쇠왕설이다. 한 나라 도읍지의 지기가 쇠하면 그 나라는 망할 것이니, 지기가 왕성한 곳으로 천도해야 한다는 것이다. 《정감록》의 핵심 사상이다. 《정감록》은 정鄭·심沁·연淵 세 사람이 조선팔도를 풍수설에 따라 논한다. 이들의 주장에 따르면, 평양 → 개성 → 한양 → 계룡 → 가야 → 전주 순으로 도읍지가 바뀌며 그에 따라 새로운 왕조가 들어서야 한다. 그런데 이들은 지기쇠왕의 원인이 땅이 아닌 사람 탓이라고 말한다. 개성(고려)의 지기가 쇠한 원인으로 요승과 궁녀가 장난作亂을 쳤기 때문이며, 한양(조선)이 쇠한 것은 전쟁이 끝나기도 전에 충신을 죽였기 때문(당쟁)이라 한다.

결국 국가의 흥망성쇠는 땅이 아닌 사람이 문제다. 2021년 5월 10일 문재인 대통령은 기자회견에서 "우리나라가 세계 10위 경제 강국에 진입했다"고 했다. 자랑스러운 대한민국이 천년 지속하기를 소망한다. 가능할까? 베네치아 공화국은 종교·정치·군사·무역 지도자들이 비리를 저지르면 국외로 추방했다. 국민은 지도자들을 신뢰했다.

대한민국도 그러할까? 신성한 대지를 투기 대상으로 삼고, 존재의 요람인 집宅을 치부의 수단으로 삼는다. 일부 장관·국회의원·지자체장·LH 공무원들이 그렇다. 교수 출신 청와대 정책실장은 임대차법 통과 직전 자신의 강남 아파트 임대료를 올렸다. 문제가 되자 공직을 그만두고 대학으로 돌아갔다. 부끄러움을 모른다.

일찍이 미국 신학자 라인홀트 니버Reinhold Niebuhr는 "도덕적 인간과 비도덕 사회"를 이야기했다. 인간 개개인은 착한데, 그것으로 구성된 사회(국가)는 집단 이익을 위해 다른 사회(국가)에 비도덕적 행위를 한다는 것이다. 그러나 대한민국은 '비도덕적 인간과 도덕적 사회'처럼 보인다. 일부 공무원, 교수, 정치인들이 불공정의 근원이다. 그들의 탐욕에 대해서 라인홀드 니부어는 이렇게 말했다. "인간이 제정신을 차리고 있는 경우는 별로 없다. 동물과 달리 탐욕이란 상상력에 지배되기 때문이다." 땅기운 地德이 흥하여 천년 대한민국 역사가 되려면 탐욕스러운 지도자들을 국외로 추방하는 방법밖에 없다.

원조 개그맨 김병조가 1980년대 유행시킨 "지구를 떠나거라!"가 떠오른다. 20세기 초 독일 표현주의 문학 주제어가 "지구를 떠나거라Verlassen die Erde!"였다. 1980년 권력을 찬탈한 전두환 정권은 '바르게 살기' 운동을 펼쳤다. 그들은 곳곳에 다음 글을 새긴 표지석을 세웠다. 바르게 살자! 누가 그 말을 따를까?

4

풍수,
세계 속 대한민국을 말하다

산 풍수 조선과 물 풍수 일본, 두 나라의 운명

한국 전통 풍수에서는 사신사四神砂를 사산四山으로 설정한다. 이와 달리 일본 풍수에서는 사신을 언덕岡(현무), 연못池(주작), 흐르는 물流水(청룡), 큰길大道(백호)로 본다. 조선과 일본의 풍수 내용이 처음부터 달랐던가? 그렇지 않다. 산 풍수를 수용했는가 물 풍수를 수용했는가의 차이이다. 산 풍수를 수용하든 물 풍수를 수용하든 풍수 용어는 동일하다. 다만 그 지칭하는 대상이 다르다.

산 풍수에서 사신사는 '청룡·백호·주작·현무' 즉, 사방을 둘러싼 네 개의 산을 지칭한다. 물 풍수에서 사신사는 '언덕, 연못, 흐르는 물, 큰길'로 상정한다. 풍수 고전《금낭경》이 출전이다.

도표로 대조하면 다음과 같다.

조선과 일본의 사신사 수용의 차이

사신사	조선(한양 사대문안) : 산 풍수	일본(옛 도읍지 교토) : 물 풍수
청룡	낙산(左山)	강 가모가와(鴨川)
백호	인왕산(右山)	큰길 산인도(山陰道)
주작	남산(前山)	호수 오구라이케(巨椋池)
현무(주산)	북악산(後山)	산 후나오카야마(船岡山)
풍수 유형	산 풍수	물(水) 풍수
국가	山國(산국)	海國(해국)

일본은 일찍부터 물 풍수를 수용하는데, 그 대표적인 것이 11세기에 쓰인 정원서로서는 세계에서 가장 오래된 책인《사쿠테이키作庭記》이다. 이 책에서 해당 내용은 다음과 같다.

> "동쪽으로 흐르는 물을 청룡이라 한다. ⋯ 서쪽에 있는 큰길을 백호라고 한다. ⋯ 남쪽 앞에 있는 호수를 주작이라고 한다. ⋯ 북쪽 뒤에 있는 언덕을 현무라고 한다."[30]

동일한 내용이 헤이안平安 시대의 음양사(풍수사) 아베노 세이메이安倍晴明가 쓴《簠簋內傳》에 있다.

---

30 東に流水あるを靑龍とす. ⋯ 西に大道あるを白虎とす. ⋯ 南前に池あるを 朱雀とす. ⋯ 北後にをかあるを玄武とす.

"동쪽으로 흐르는 물을 청룡이라 하고, 남쪽 호수반을 주작이라고 하고, 서쪽 큰길을 백호라고 하고, 북에 고산 있는 것을 현무라고 한다."[31]

일본 풍수의 일관된 모습이다. 넓은 평지에 좌측에는 강이 흐르고, 우측에는 큰길이 나 있고, 앞에는 큰 호수가 있어 그 호수는 바다로 연결된다. 산은 북쪽에 있는 작은 언덕(혹은 높은 산)뿐이다. 이와 같은 입지 조건은 개방적이며 강과 바다를 통해 해외로 연결된다. 그렇다면 일본의 사신 개념은 일본만의 새로운 변종인가? 그렇지 않다. 중국의 《양택십서陽宅十書》에 동일한 내용이 언급된다.

"무릇 집의 경우 왼쪽에 흐르는 물이 있으면 이를 청룡이라 하고, 오른쪽에 긴 길이 있으면 이를 백호라 하고, 앞에 연못이 있으면 이를 주작이라 하고, 뒤에 구릉이 있으면 이를 원무元武라고 하는데, 가장 귀한 땅이 된다."[32]

그런데 이와 같은 일본인들의 사신사 개념은 일본 고유의 것이 아니라 풍수 고전 《황제택경》이 출전이다. 이른바 '山川道澤

---

31 東に流水あるを靑龍といい, 南に澤畔あるを朱雀といい, 西に大道あるを白虎といい, 北に高山あるを玄武という.

32 凡宅左有流水謂之靑龍, 右有長道謂之白虎, 前有汚池謂之朱雀, 後有丘陵謂之元武, 爲最貴地.

岡川道池(주산은 산, 백호는 길, 청룡은 강물, 주작은 연못)' 설이다.

"무릇, 집터를 정함에, 좌측이 청룡이다. 동쪽으로 흐르는 물이 있는데, 이를 좌청룡이라 한다. 서쪽에 큰길이 있는 것은 우백호라고 한다. 전前 주작은, 남쪽에는 큰 연못이 있는데 이를 주작이라 한다. 후後 현무는, 북쪽에 큰 언덕이 있는 것을 말하는데 이를 현무라고 한다."[33]

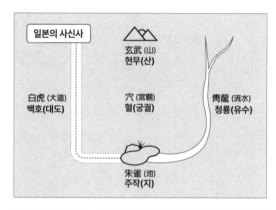

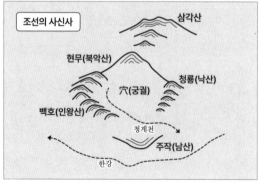

33   凡宅居, 左靑龍, 東有南流水, 是左靑龍. 右白虎, 西有大道, 是右白虎. 前朱雀, 南有潯池, 是前朱雀. 後玄武, 北有大丘陵, 是玄武.

일본의 사신사와 조선의 사신사 수용을 그림으로 대조하면 왼쪽 페이지 그림과 같다.

일본과 조선의 풍수 수용의 핵심적 차이는 산을 중시했는가主山 물을 중시했는가主水이다. 전자를 산 풍수, 후자를 물 풍수라고 했다. 산 풍수와 물 풍수 즉, 산을 중시하는 것과 물을 중시하는 것은 그 나라의 운명에 어떤 영향을 끼칠까?

산山: 정적靜的 → 분지 → 물류의 이동이 어려움 → 폐쇄적 → 물질적 집착이 없음 → 장수壽 → 이상적 → 재물에 무관심 → 인자仁者 → 조선왕조와 해방 후 북한

물水: 동적動的 → 해안 → 물류의 이동이 쉬움 → 개방적 → 이해관계에 민감 → 즐김樂 → 현세적 → 재물축적에 관심 → 지자智者 → 일본과 해방 후 남한

산 풍수와 물 풍수의 특징을 도표화하면 다음과 같다.

터 잡기에서 산을 중시하느냐, 물을 중시하느냐에 따라 훗날 그 국가의 운명은 전혀 다른 길을 간다. 일본은 일찍부터 해외와 교류를 했고, 쇄국을 고집했던 도쿠가와 막부시대에도 네덜란드와 통상을 했다. 특히 19세기 일본 지식인들은 산의 나라山國와 물의 나라海國를 구분하면서 일본 자국自國을 물의 나라로 규정했다. 하야시 시헤이林子平 등 당시 지식인들은 산의 나라로 스스로

구분	산 풍수	물 풍수
수용 국가	조선	일본
중심축	산(主山)	물(主水)
사신사(四神砂)	네 개의 산(四山)	언덕, 냇물, 도로, 호수(岡川道池)
한국의 대표 지역	한양(청와대·경복궁), 개성, 대구	용산, 평양, 부산, 인천
역동성	정적(靜的)	동적(動的)
대지	분지	해안
물류의 흐름	이동이 어렵다	이동이 쉽다
개방 여부	폐쇄적	개방적
경제체제	농업	무역(해상) / 문화
인생관	이상적 / 폐쇄적	현실적 / 개방적
재물 관심	재물 축적을 비난	재물 축적을 장려
욕정	금욕적	쾌락적

를 인식하는 중국과 조선과 달리 일본을 물의 나라로 인식해야 한다고 주장했다. 자국을 산의 나라로 규정하면, 지리적인 근접성 여부가 외적의 위협 여부를 판단하는 기준이 되지만, 자국을 물의 나라로 인식하는 경우, 바다 건너 모든 나라들을 의식하고 경계하게 된다. 세계 속의 일본을 상정하고 대처하게 되므로, 그에 따라 국가의 운명이 달라질 수 있음을 말한다.[34]

일본 지식인들은 이미 조선과 중국을 산 풍수로 규정하고, 자기 나라 일본을 물 풍수로 규정한 것인데, 앞에서 소개한 일본의

---

[34] 박영준, 《해군의 탄생과 근대일본》, 그물, 2014

전통 풍수관의 일관된 결과물이다. 19세기 중엽에 미국과 유럽에 문호를 개방한 일본은 20세기 초 이미 세계의 해상강국이 되었다. 반면 산을 중시하여 사방이 산들로 둘러싸인 것을 선호한 조선의 경우 19세기 말까지 쇄국정책을 고수했다. 결국은 20세기 초에 남의 나라에 먹히는 비극을 맞는다.

한반도에 들어선 역대 모든 국가가 그러했는가? 그렇지 않다. 조선왕조와 북한만이 그러했다. 고구려, 고려, 대한민국은 그렇지 않았다. 고려와 조선 두 왕조의 풍수관을 대조하면 이해가 쉬울 것이다.

고려, 남한 vs 조선, 북한

고려왕조와 조선왕조 모두 풍수를 국교로 채택한 것은 동일하다. 이한우 선생은 "고려는 숭유숭불숭풍崇儒崇佛崇風, 조선은 숭유억불숭풍崇儒抑佛崇風"[35]라고 표현했다.

고려는 불교와 풍수, 조선은 유교와 풍수를 숭상했다는 뜻이다. 풍수가 공통 국교였다. 따라서 고려와 조선 두 왕조가 천년 동안 우리 민족의 풍수를 국교로 삼은 셈이다. 문제는 고려 풍수와 조선 풍수의 내용이 달랐다는 점이다. 고려는 국가 차원의 풍

---

35   이한우, 《고려사로 고려를 읽다》, 21세기북스, 2012

수 즉, 국역國域 풍수였다. 조선은 묘지 풍수 위주였다. 차원이 다른 셈이다. 고려는 태조 왕건 이래 문종, 숙종, 예종, 공민왕 등 고려 왕조 내내 국운 융성을 위해 어디로 도읍지를 옮겨야 할지를 고민했고, 새로운 도읍지 후보를 찾아다녔다. 지금의 서울(청와대 경복궁을 감싼 사대문안)과 용산도 이미 고려 때 등장했다.

고려와 조선의 풍수 내용이 어떻게 달랐는지 도표화하면 다음과 같다.

사신사	고려	조선	비고
창업자	왕건(해상 세력)	이성계(육지 세력)	
국교	불교, 풍수	유교, 풍수	
경제체제	해양국가	농업국가	
풍수관청	서운관/산천비보도감	관상감	
풍수관리	일관(日官)	지관(地官)	
풍수 고시과목	신집지리경/유씨서/지리결경/경위령/지경경/구시결/태장경/가결/소씨서	청오경/금낭경/호순신/명산론/지리문정/감룡경/착맥부/의룡경/동림조담	두 왕조의 풍수서가 전혀 다름
풍수 모델	물 풍수(득수국)	산 풍수(장풍국)	
풍수 중심요소	물/물 풍수	산/산 풍수	
풍수 특성	이동성(mobility)	정주성(stability)	윤명철 교수 용어
개방 여부	개방적	폐쇄적	

고려는 해상 세력에 의해 성립된 국가였다. 왕건과 개국 공신들 모두 해상 세력이었다. 그러한 까닭에 국력이 강했을 때는 국

제 무역국가로 발전했지만, 국력이 약해진 고려 후기로 들어서면서 왜구와 외적의 침입을 당했다. 즉, 물을 중시하는 물 풍수 국가였다.

반면 조선은 성리학과 농업을 기반으로 하는 폐쇄국가였다. 중국과 일본 이외에는 그 어떤 나라와도 교류를 하지 않았다. 그 것도 부족하여 해금공도정책海禁空島政策을 강제했다. 바다 활동을 비우고 기존에 섬에 살던 사람까지 육지로 불러들인 후 섬을 비우게 한 것이다. 그 후유증은 지금의 독도 문제까지 연결된다.

그 결과 고려는 전성기에는 찬란한 무역 국가였고, 개성은 국 제도시로 휘황찬란했다. 지금도 개성 출신 여인들이 보석에 대한 안목이 높은 것은 그 전통이 지금까지 전해지기 때문이다.

조선이 몰락할 즈음, 이러한 조선의 폐쇄성을 신랄하게 비판 하고 계몽했던 선각자가 있었다. 육당 최남선이다. 그는 '행주行舟 형국론'과 해상무역국가론을 주창했다. 육당은 자신이 발간하는 잡지 〈소년(1908)〉에서 "(우리 조선인들이) 우리나라가 삼면이 바 다로 둘러싸인三面環海 반도국인 것을 아주 오랫동안 잊고 있었다" 고 지적했다.

> "큰 바다를 지휘하는 사람은 무역을 지휘하고, 세계의 무역
> 을 지휘하는 사람은 세계의 재화를 지휘하기에, 세계의 재화
> 를 지휘함은 곧 세계총체를 지휘한다."

최남선은 조선인들이 과거 고구려와 고려가 그러했듯 해양 모험심을 되살림으로써 조선을 세계 부자 강국으로 키울 것을 역설했다. 물 풍수에로의 전환을 이야기한 것이다. 청와대 터에서 용산 터로의 대통령 집무실 이전도 산 풍수에서 물 풍수에로의 전환인 셈이다. 문제는 용산 터에 기존의 국방부가 들어서 있다는 것이다. 그곳은 옛날 무덤 터이다. 그곳이 진혈처인가?

산 풍수 청와대 터와 물 풍수 용산의 장단점과 길흉

지금까지 설명한 것을 바탕으로 청와대 터와 용산 일대 주요 터를 도표로 대조하면 다음과 같다. 900년 전인 1101년 고려의 윤관, 최사추와 풍수사 음덕전이 눈여겨본 곳(B), 서울시장 당시 고건 전 총리가 지목한 곳(C), 윤석열 대통령이 지목한 곳(A)에 대한 풍수이다.

청와대 터는 북악산의 진혈이다. 그렇다면 용산에서는 어디가 가장 좋은 기운이 뭉쳤을까? 용산의 진혈처에 대해서 시대와 국방 능력에 따라 의견이 다를 수 있다.

우선 윤석열 대통령이 염두에 둔 국방부 터이다(우측 지도에서 A로 표기). 국방부 터는 어떤 곳일까? 국방부 터의 족보(내룡)를 추적하면 다음과 같다. 남산 → 하얏트 호텔 → 승지원 → 이태원 부군당 → 녹사평역 → 둔지산으로 이어지다가 둔지산의 작

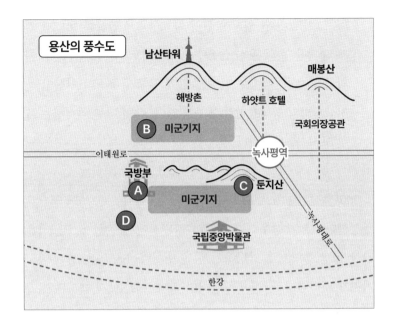

용산의 풍수도

남산타워

매봉산

해방촌

하얏트 호텔

B 미군기지

국회의장공관

이태원로

녹사평역

국방부

둔지산

A

C

미군기지

D

국립중앙박물관

녹사평대로

한강

은 지맥이 둘로 나뉜다. 그 가운데 하나가 국방부터로 이어지는 작은 능선(언덕배기)이다. 능선 부근에는 100년 전 무덤으로 쓰였으며, 그 능선 남쪽에 민가들이 있었다. 이에 대해서는 한 일간지 노형석 기자의 기사 일부를 인용한다.

"용산 기지 100년사를 추적해온 소장 연구자 김천수 씨[36]는 국방부 땅 역사에 얽힌 비장 자료들을 꺼내 조목조목 짚었

---

36   김천수 씨는 본래 영어 전공이나 용산구 향토사학자란 특이한 이력을 갖고 있다. 용산문화원 역사문화연구실장 (2019년 당시)으로 《용산의 역사를 찾아서》, 《용산기지의 역사》 등 저서가 있다. 이 책에서 자주 등장하는 용산의 주산 '둔지산'을 염두에 둔 《용산기지 내 사라진 둔지미 옛 마을의 역사를 찾아서》 등의 저서를 출간했다.

다. 그가 2014년 일본 방위성 자료실에서 발굴해 2017년 일부 공개한 '한국 용산 군용수용지 명세도'가 핵심 자료다. 이 지도를 보면, 국방부가 있는 언덕 일대가 용산의 원산인 둔지산자락의 공동묘지로 표기돼 있다. 무덤 터를 의미하는 요철 표시凸가 뚜렷하다."[37]

900년 전인 1102년인 윤관 장군이 눈여겨본 곳은 B구역으로 추정한다. 그럴 경우 도읍지로서 장단점이 공존한다. B구역은 당시 국방 능력으로 감당하기 힘든 땅이다. B구역은 현재 미군 기지가 자리한다. 남산이 주산이며 하얏트호텔에서 녹사평역 그리고 국방부 청사로 이어지는 지맥이 좌청룡겸 안산(주작)이 된다. 청룡은 좋으나 안산이 지나치게 낮다. 남쪽과 서쪽을 막아주는 산이 없다. 명당수는 지금은 복개된 만초천이다. 문제는 만초천과 안산(주작)이 나란히 빠져나가서 기의 누설을 막아주지 못한다는 점이다. 청와대·경복궁 터보다는 더 넓은 터이지만, 외적의 침입에 취약하다. 윤관과 최사추가 도읍지 후보에서 탈락시킨 이유가 아마 이 때문일 것이다.

C구역은 고건 전 총리가 서울시장 재직 시 지목한 자리이다. 북한의 위협이 있다 할지라도 대한민국 국방이 취약하지 않기에 더 이상 사방의 산이 감싸는 것에 구애받을 필요가 없다. 큰 강

37   노형석, 한겨레신문, 2022년 3월

을 긴 평지룡에 터를 잡아야 국운이 융성함을 알았다. 이것은 필자의 추측이 아니라 고건 전 총리에게 직접 들은 이야기이다. 용산을 서울의 '천원天元(바둑의 한가운데)'의 땅으로 보았다. 서울시청을 이곳으로 옮기려 했다. 막연한 생각만 한 게 아니라 이를 위한 인프라를 구축하기도 했다. 지하철 6호선 녹사평역은 서울에서 역사가 가장 깊은 곳이다. 당시 고건 시장이 서울시청을 이리 옮길 것을 대비하여 그렇게 만들었으며, 미군기지로 연결되는 지하철 출입구까지 만들게 했다(현재는 폐쇄되었으나 언제라도 사용 가능하다).

일본이 이상적으로 여겼던 도읍지 공간 모델에도 부합한다. 남산祖山(조산)에서 녹사평역 고개過峽를 지나 솟구친 작은 언덕岡이 둔지산이다. 둔지산 좌우로 큰 도로가 있다. 서쪽으로 이태원로가 남쪽으로 녹사평대로가 큰길大道과 흐르는 강流水 역할을 한다. 그 남쪽에는 한강이 큰물澤 역할을 맡는다. 이른바 일본과 고려의 도읍지 이상 모델 '강천도택岡川道澤'에 부합한다. 남산의 중심 산줄기中出脈는 하얏트호텔 → 승지원 → 이태원 부군당 역사공원 → 녹사평역 → 둔지산 → 미군 기지 → 국립중앙박물관으로 이어진다. 풍수에서 산을 용이라 했다. 용은 녹사평역에서 잠깐 엎드려 숨을 고른다. 용이 엎드린 곳은 고개過峽(과협)가 된다. 과협은 길지를 만드는 필수 조건이다. 잠시 쉰 용은 이어 고개를 쳐들어 한강 쪽으로 머리를 들이민다入首. 미군기지 내 둔지산은 바로 그 머리다. 큰 용이 물을 마시는 황룡음수黃龍飮水 형국이다.

어느 곳이 더 좋은가에 대해서는 동시대의 국방능력, 경호, 보안, 도로, 인구, 인문지리, 시대적 한계, 주변 주요 기관 등 다양한 요소가 참고되어야 한다. 풍수만으로 결정할 수 없다.

도표로 정리하면 다음과 같다.

구분	청와대 터	A	B	C	D
看審, 落點人	고려 숙종	윤 대통령	윤관 장군	고건 총리	조선조정
주산	북악산	둔지산	남산	둔지산	둔지산
조산(祖山)	삼각산	남산, 삼각산	삼각산	남산, 삼각산	남산, 삼각산
내룡	청와대 지맥	둔지산 지맥	해방촌 능선	하얏트 호텔능선	국방부 방맥
고산, 평지, 평양룡	고산룡	평지룡	고산룡	평양룡	평양룡
명당	광활	광활	광활	광활	광활
명당수	청계천	만초천	만초천	한강	한강
진혈처	청와대, 경복궁	국방부청사	미군기지	미군기지	'왜고개' 일대
산수 풍수 구분	산 풍수	물 풍수	산 풍수	물 풍수	물 풍수
형국론	금반하엽형 (金盤荷葉形)	갈룡추수형 (渴龍追水形)	반룡복지형 (蟠龍伏地形)	황룡음수형 (黃龍飮水形)	구룡지지 (九龍之地)

용산에 또 하나의 터가 있다. 한양에 대해 김정호가 그린 〈수선전도〉를 보면 현 국방부가 있는 부분 남쪽에 '瓦峴(와현)'과 '와서瓦署'로 표기된 곳이다. 瓦는 기와를 뜻한다. 와서는 기와를 굽는 관청을 말한다. 조선조에서 기와를 구어 정부에 납품하던 관

청이다. 瓦峴은 기와 고개로 번역할 수 있다. 그런데 인근의 현 지명은 왜고개이다. 일본과 관련 있는 지명이다. 구한말 일본군 이 점령하여 군부대 및 관사로 쓰면서 고개 이름이 변경된 곳이 다. 일대는 철도고등학교가 있다. 명문고였다. 인근에 세계일보 사가 들어섰다. 이후 그 일대는 분양되어 아파트 단지가 들어섰 다. 건축물이 뛰어나 사람들이 자주 찾는 아모레퍼시픽 사옥도 그 일대이다. 조한규 전 세계일보 사장은 "과거 이곳을 풍수사들 은 구룡지지九龍之地라 하였다."

직역하면 '아홉 마리 용의 땅'이라고 할 수 있으나, 그런 의미 가 아니고, 최고의 왕 즉, 천자의 땅이란 뜻이다. 아홉 九는 주역 에서 말하는 六爻 가운데 맨 위에 있는 효爻이면서 陽爻이다. 최 고의 자리位이기에 천자를 상징한다. 즉, 九龍之地는 천자의 땅 을 말한다. 눈여겨볼 만한 곳이다. 해양학자인 윤명철 교수가 윤 석열 대통령의 용산 집무실 이전과 관련하여 필자에게 이런 말 을 들려줬다.

"한강은 해안에서 한성 백제의 수도권까지 80킬로미터 정도 이다. 조수의 영향은 서빙고까지 끼쳤다. 때문에 한강은 조 운망이 발달했고, 시대를 막론하고 진과 포구 등이 있었다. 조선왕조가 한양에 도읍을 정하면서 숭례문과 가까운 이곳 은 지방에서 온 세곡 수송선들이 집결하는 항구가 됐고, 더 불어 모든 물류망의 거점이 되었다.

용산에 크고 견고한 부두 등을 건설하여 개경의 벽란도처럼 국제적인 항구로 만들 필요가 있었다. 그리고 조선 초에 하륜이 제안했던 만초천(현재, 복개)과 숭례문 사이의 운하를 건설했더라면 한양은 국제적인 수도가 될 수 있었다. 조선의 운명이 달라졌을 것이다. 만약 조선이 산 풍수인 한양과 물 풍수인 용산 지역을 유기적으로 연결시켰더라면 조선은 강해 도시이면서 안정성과 미학적 가치가 뛰어난 나라가 되었을 것이다.

수도의 선택은 정권의 운명이 아니라 국가의 운명이 걸린 문제이다. 실용성, 국제 질서, 국가 미래를 고려해야 한다. 무엇보다도 국민이 공동 책임을 지는 현대 민주주의 사회에서는 국민의 합의와 책임 의지의 점검이 우선임을 잊어서는 안 된다."

용산은 기존의 경복궁 청와대 터와는 다른 풍수이다. 새 시대 새로운 대통령의 새로운 집무실로써 과거 폐쇄적 청와대 터의 산 풍수를 버리고 개방적인 한강의 물 풍수로 나아갈 수 있다. 과연 물 풍수의 나라여야 국운이 흥하는가? 중국의 사례를 살펴보자.

중국 풍수

중국의 산 풍수(베이징)와 물 풍수(홍콩, 가이펑, 난징, 상하이 등)

청와대 터가 산 풍수(베이징)라면 용산은 물 풍수(중국 강남)이다. 중국만큼 풍수를 절대적으로 신봉하는 나라는 없다. 역대 제왕부터 큰 상인에 이르기까지 풍수는 절대적 신앙이었다. 왕조가 새로 생기면 옛 왕조의 도읍지를 버리고 새로운 곳으로 옮겼다. 왕조가 몰락한 것은 도읍지지기가 쇠했다고 보기 때문이다.

부득이 같은 곳에 도읍지를 존치한다면, 임금이 머무는 궁성만큼이라도 전 왕조의 궁성을 버리고 인근으로 옮긴다. 원나라를 멸망시킨 명나라는 처음에 북경이 아닌 남경으로 도읍지를 옮겼으나, 3대 황제 때 다시 북경을 도읍지로 정했다. 이때 원나라의 궁궐터를 버리고 다른 쪽으로 옮겨서 궁궐을 지었다. 지금의 자금성은 바로 명나라 때 조성된 궁궐이다.

새 정부가 청와대 터를 버리고 광화문청사를 포기하고, 마침내 전혀 다른 새로운 곳, 그곳도 굳이 용산을 고집하는 것도 그와 같은 구상이 아닐까 싶다. 더구나 '龍山'이란 지명의 '용'과 '산' 모두 고구려와 중국에서는 임금을 상징하기 때문에 그러한 추측을 해볼 수밖에 없다. 중국에서는 龍도 임금이고, 산도 임금이다. 홍콩에서 최고 부자들이 산 능선에 집을 짓는 것도 산이 임금이라는 관념 때문이다.

중국 풍수는 산 풍수와 물 풍수 둘 다 활용한다. 쓰임의 용도와 장소에 따라 다르다. 흔히 중국의 북방(베이징)은 정치의 도시이고, 남방(상하이, 난징, 카이펑)은 경제의 도시라고 한다. 정치의 도시는 권력을 유지함이 목적이다. 이민족의 침입을 막는 것이 가장 큰일이다. 중국의 역대 도읍지 변천사를 보면 흥미롭다. 숱한 왕조의 흥망성쇠에도 불구하고 역대 왕조들은 베이징을 가장 선호했다. 베이징을 지도에서 보면 중국의 중심지라 할 수도 없다. 기후도 좋지 않다. 또 멀지 않은 곳에 만리장성萬里長城이 있어 이민족과 국경을 접하는 곳이다. 상식적으로 보아 썩 좋은 위치가 아니다.

안읍安邑, 호경鎬京, 낙양洛陽, 함양咸陽, 장안長安, 남경南京, 건강建康 등 많은 도시들이 왕조의 도읍지가 되었지만, 베이징처럼 몇 대 왕조에 걸쳐 도읍지의 지위를 차지한 적은 없었다. 금 · 원 · 명 · 청에 이어 현재 중국인민공화국에 이르기까지 거의 1000년 동안 베이징은 도읍지였다. 왜 그러할까? 기업을 창업한 사람은 500년을 생각하고, 나라를 개국한 개창조는 1000년 왕국을 설계한다. 그에 걸맞은 도읍지가 있어야 한다. 중국의 경우 그곳이 바로 베이징이다.

베이징에 도읍지가 들어선 결정적 이유는 만리장성 밖의 이민족 침략을 막기 위함이다. 이 경우 조선의 한양(청와대·경복궁 터)과 같이 방어적 풍수 즉, 산 풍수를 강조한다. 국방(안보) 차원이라고 하지만, 풍수상 길지라는 이유가 더 중요했다. 사산四山 개념이 중요하다. 그렇다고 조선의 한양처럼 북악산, 인왕산,

낙산, 남산과 같이 가시적 사산四山을 사신사로 상정하지 않는다. 중국中國은 문자 그대로 자국을 천하의 중심 국가로 여겼다. 따라서 베이징을 둘러싼 작은 산(실제로 베이징에서 주변 산을 볼 수 없다)을 사신사로 상정하지 않는다.

성리학자이면서 풍수에 능해 〈산릉의장山陵議狀〉이란 풍수론을 남긴 이가 주자朱子이다. 주자의 〈산릉의장〉은 《조선왕조실록》에 빈번히 등장할 만큼 중요한 풍수이론서이다. 65세 때인 1194년 송 황제 영종寧宗에게 〈산릉의장〉을 올려 풍수의 핵심이 무엇인지를 설파했다. 그러한 주자인 만큼 중국 전역의 풍수에 이미 통달했다. 그는 베이징 일대를 풍수적으로 다음과 같이 논했다.

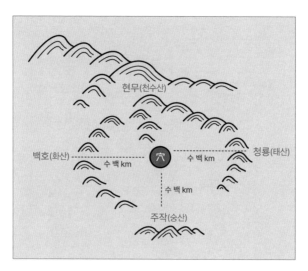

현무(천수산)

백호(화산)

청룡(태산)

수백 km 穴 수백 km

수백 km

주작(숭산)

주자가 언급한 중국의 사신사

"기도冀都(현재의 베이징 일대)는 세상에서 풍수상 대길지다. 운중雲中에서 출발한 맥을 이어받고, 앞에는 황하黃河가 둘러싸고 있으며, 태산泰山이 왼쪽에 높이 솟아 청룡이 되고, 화산華山이 오른쪽에 솟아 백호가 된다. 숭산嵩山이 안산이 되고, 회남의 여러 산이 제2 안산이 되고, 강남의 여러 산이 제3 안산이 된다. 그러므로 지금까지의 여러 도읍지 가운데 이보다 더 좋은 곳이 없다."

서울(한양)과 비교해보면 중국인들의 과장된 풍수관이 황당하다. 서울의 청룡은 낙산, 백호는 인왕산, 안산은 남산으로 청와대·경복궁에서 몇 킬로미터 떨어져 있다. 한강 역시 그리 멀지 않은 곳에서 도읍지인 서울을 감아 돈다. 반면 베이징에서는 서울 주변에서 볼 수 있는 것과 같은 산들을 찾아볼 수 없다. 한강에 해당하는 황하, 인왕산과 낙산에 해당하는 태산과 화산, 그리고 안산에 해당하는 숭산이 베이징으로부터 수백 킬로미터 멀리 떨어져 있기 때문이다.

그러나 국역풍수 관점에서 보면 가장 안정된 곳, 가장 좋은 기운이 뭉쳤다고 생각되는 지점에 도읍지를 정하고 그곳으로부터 등거리等距離의 모든 땅을 통치하겠다는 발상이다. 즉, 남으로는 강남 아래까지, 북으로는 몽골蒙古, 동으로는 한반도, 서로는 티베트와 신장新疆까지를 아울러 천하가 중국 땅이 아닌 곳이 없게 하겠다는 중국인의 풍수관이었다. 수년 전부터 진행되고 있는 '동북공정' 역시 이와 같은 중국인의 풍수관·국토관이다. 중국인의 영토의식에 관한 한 철저하게 국토를 지키고 넓히겠다는 철저한 산 풍수(장풍국) 관념이다. 반면, 경제와 상업에 관한 한 철저하게 물 풍수(득수국)를 견지한다.

물 풍수 중국 남방 상업도시

한때 세계적인 중심지이자 상업 대도시였고, 중국 최초의 수도 가이펑開封 등 중국 남부의 주요 도시는 물 풍수(득수국)였다. 가이펑은 송나라 도읍지였다. 송나라는 역대 왕조에서 가장 생산성과 문화 수준이 높았다. 가이펑에서 가장 번화한 상업중심지는 '물을 의존하여 터를 잡고 도로를 만들었다.'[38] 당시의 풍수

〈청명상하도〉

원칙이었다. 송대 말엽에 그려진 중국 10대 명화 〈청명상하도淸明
上河圖〉가 이를 잘 보여준다.

　〈청명상하도〉는 북송 화가 장택단張擇端이 그린 그림으로써 당
시 도읍지 가이펑을 흐르는 변하汴河를 사이에 두고 배다리, 성
문, 시가 등이 순서대로 보이게 했으며 술집, 상점, 노점, 상인,
우마차, 군중 등이 배치되는 형식으로 이루어졌다. 또한 〈청명상
하도〉에 묘사된 그림과 별개로 당시 민간에서 회자되던 소곡小曲
다음 대목 역시 그 당시의 풍수관이 물 풍수였음을 보여준다.

38　依水而立, 依水建街.

"봄, 여름, 가을, 겨울 가이펑을 관통하는 강변汴河 옆,

마차와 배들이 화물을 운반하느라 바쁘네.

웃는 얼굴로 좋은 물건 내보이며 손님들을 맞이하는데,

뒤에는 강이 흐르고 앞에는 도로가 있어背水面街 장사 잘되고,

상점들은 지리적 이점地利이 좋아 사람과 재물의 기운이 모이

네."39

홍콩, 상하이, 항주, 소주 등 강남의 주요 도시들은 이렇게 철저하게 배수면가背水面街의 원칙 즉, 물 풍수를 고집했다. 물 옆에 상가와 주택을 짓는 수변水邊 도시이다. "산은 인물을 키우고 물은 재물을 늘린다"는 풍수 격언에 부합한다. 베이징에는 권력자들이 살고, 중국의 남방에는 부자들이 산다.

그렇다면, 용산의 땅은 중국 강남의 주요 도시와 같은 배수면가의 구조를 가졌는가? 그렇지는 않다. 용산과 한강 일대의 공간 배치와 중국 강남 주요 도시의 공간 배치를 비교하면 쉽게 답을 얻을 수 있다.

중국의 경우 강 옆에 바로 상가가 자리하여 수변水邊 도시를 이루었다. 반면 용산의 경우 한강과 아파트 단지 사이게 강변도로가 있다. 강변북로와 한강 사이에는 주차장, 산책로, 놀이터 등이 있다. 한강을 조운의 통로로 사용하지 않았기 때문에 주변

---

39 春夏秋冬汴河旁, 车行舟船运货忙, 货好笑脸迎买主, 背水面街生意旺, 店铺地利人气佳.

© Choo Yut Shing by Flickr

중국의 수변 도시

에 큰 항만이 들어서지 않았다. 기껏해야 강 이쪽저쪽을 건너는 나루터(송파진, 동작진, 노량진)들만 있었다. 조선이 상업이나 강하江河 및 해상 무역을 하지 않고 폐쇄국가를 고집했던 까닭이다.

참고로, 현재 서울에서 하루에 현금이 가장 많이 움직이는 곳이 어디일까? "물은 재물을 주관한다水主財"는 격언을 염두에 둔다면? 사람들은 부자가 사는 강남이나 증권가가 있는 여의도를 언급할 것이다. 그런데 그렇지 않다. 청계천 좌우의 도소매상이 밀집된 곳이 가장 현금이 많이 움직이는 곳이다. 조선조부터 그래왔다. 청계천의 역할을 한강이 떠맡는다면 대한민국의 돈줄이 아닌 세계적인 돈줄이 될 것이다. 어디가? 한강을 끼고 있는 용산 일대가!

언젠가 카리스마를 갖춘 새로운 서울시장이 출현하여 한강권역을 새로이 개발한다면, 용산은 대한민국 국운의 새로운 기폭제가 될 것이다. 중국 남방 주요 경제도시나 유럽처럼 수변 도시를 만든다면 용산은 대한민국과 세계에서 돈이 가장 많이 몰리는 경제 중심지가 될 것이다. 그렇게 해서 용산에 대통령 집무실이 들어선다면, 대한민국의 국격과 국운은 세계 최고가 된다.

중국 상무위원 저우융캉과 '무속'

1930~1940년대 중국 천하를 쟁취하기 위한 마오쩌둥과 장제스의 치열한 풍수 전쟁은 앞에서 소개했다. 중국 권력자의 풍수 신봉은 그것이 마지막이었을까?

2015년 6월 11일 중국 톈진시 인민법원은 정치국 상무위원인 저우융캉周永康에 대해 뇌물수수죄, 직권남용죄, 국가기밀누설죄 혐의를 적용하여 무기징역을 선고하고 전 재산을 몰수했다. 정치국 상무위원이 얼마나 대단한 자리인가는 수치로 보면 쉽게 이해된다.

"중국 공산당 당원은 약 8,700만 명이다. 이 가운데 당 중앙위원회 총회에 출석해 투표권을 행사할 수 있는 중앙위원은 200명 안팎이다. 200명에서 25명이 정치국 위원으로 뽑힌다. 25명 중에서 7인이 최고지도부인 정치국 상무위원이 된다. 13억 명 인구 가운데 7인으로 뽑힌다는 것은 천운을 타고나

야 한다."(정영록, 서울대 국제대학원 교수)

2017년 3월 박근혜 전 대통령이 파면·구속되었 때, '권력남용 등 여러 가지 이외에도 공무상 기밀 누설' 혐의가 구속의 핵심 사유였다. 한·중 권력자 구속 사유가 공통적으로 기밀 누설이다. 중국 재판부는 "저우융캉이 6부의 비밀문서를 열람 자격 없는 차오융정曹永正에게 보여줬다"며 유죄 판결을 내렸다. 어떤 문서들이었으며, 차오융정은 어떤 사람이었을까?

차오융정은 1959년생으로 대학에서 정치학을 전공한 뒤 교사, 출판인, 사업가 등으로 변신을 거듭함과 동시에 풍수사로 활동했다. 1997년 저우융캉이 중국석유천연가스 총경리로 재직할 때 비서의 소개로 차오융정을 만났다. 그때 차오융정은 저우융캉에게 다음과 같이 예언했다.

"당신은 5년 후 형부상서(장관급), 10년 후에는 전각대학사(총리급)가 될 것입니다."

저우융캉은 그 말을 믿지 않았지만 기분이 나쁘지 않았다. 그와 친해지기 시작했다. 그 사이 개인적으로 아내와의 불화, 이혼, 부인의 사고사, 아들의 일탈 등 불운이 계속됐다. 이때마다 저우융캉은 차오융정에게 의지했고, 차오융정은 끊임없이 그에게 언젠가 크게 되리라고 '예언'하고 '세뇌'시켰다.

얼마 후 저우융캉은 국토자원부 부장(장관급)이 됐다. 이때부터 저우융캉은 일거수일투족을 차오융정에게 맡겼다. "저 사람을 만날까 말까?", "만난다면 언제 어디서 만나야 할까?", "오늘 회의에 참석할까 말까?" 이러한 질문을 받을 때마다 차오융정은 해당 인물 관련 자료를 보내달라고 했다. 관련 자료를 받은 차오융정은 이를 치밀히 분석하고—그는 정치학을 전공했다—저우융캉에게 답을 주었다. 저우융캉은 아무리 중대한 회의일지라도 차오융정이 참석하지 말라면 참석하지 않았다. 중국 법원이 유죄를 선고한 기밀누설죄는 다름 아닌 저우융캉이 자신과 관련 있는 '주요 정치인들 및 주요 회의 내용을 차오융정에게 보여준 것'이었다. 차오융정도 2016년 7월 징역 7년을 선고받았다(마치 조선말, 민비가 무당의 말을 쫓아 남편 고종 임금의 모든 일정과 시간을 조정한 것과 같다).

박근혜 전 대통령의 불행은 영세교 교주 최태민(최순실 아버지)에서 비롯한다. 최태민은 박근혜에게 육 여사 뒤를 이을 지도자로서 아시아의 지도자가 될 되리라고 끊임없이 '예언'하고 '세뇌'시켰다.[40] 그 결과 박근혜는 최태민에 대해 "어머니가 돌아가신 뒤 흔들리지 않고 바로 설 수 있도록 도와준 고마운 분"이라는 절대적 신뢰를 품었다.

역사학자 이병도 박사는 "도참이란 흥망성쇠를 예언하는 것

40 허호익, 《한국의 이단 기독교》, 동연, 2020

을 말하는데, 영웅호걸들을 자극하고 영향을 주어서 실제로 사실로 나타난 적이 많다"고 했다. 저우융캉과 박근혜도 그러한 도참의 결과로 빚어진 '영웅호걸'일까? 분명 그것은 도참이다. 도참과 풍수는 다르다. 진정 풍수로 천자의 자리에 오른 우리 시대 인물이 있다. 바로 시진핑 주석이다.

시진핑 주석과 풍수

2012년 말과 2013년 초 동양 3국에 새로운 지도자들이 등극했다. 박근혜 전 대통령, 시진핑 주석, 아베 신조 총리가 그들이었다. 이들의 집권 시기가 몇 개월 차이로 비슷했고 나이 또한 한두 살 차이이다. 이들은 모두 최고 권력자의 자녀들이다. 5년 후인 2017년 12월 박근혜는 파면당하고 감옥으로 갔다. 아베 총리는 역대 수상으로서는 드물게 장기집권을 하다가 2021년에 수상직을 그만두었다. 반면, 시진핑 주석은 지금까지도 강력한 '천자天子' 체제를 굳히며 세계 강국 미국과 맞상대한다. '中國'이란 뜻 자체가 '천하의 중심국가'를 의미하고, '天子'는 하늘天의 아들子로서 천하의 유일한 권력자를 뜻한다. 세계의 유일한 임금이다.

"시진핑 주석은 강력한 제국을 건설했던 청나라 옹정제를 롤모델로 하여 위대한 중국문화의 부흥을 바탕으로 한 세계제국 건설을 꿈꾸는데, 그것이 다름 아닌 '중국의 꿈中國夢'이

다."(정영록, 서울대 국제대학원 교수)

시진핑 주석은 철저하게 '황토의식黃土意識'을 체화한 인물이다. 풍수와는 어떤 관계이며 황토의식이란 무슨 뜻인가? '황黃'은 오행상 중앙의 자리를 차지한다.

시진핑이 주석에 오르기 훨씬 전인 2002년 그는 〈全国新书目(전국신서목)〉이란 잡지에 〈나는 황토 땅의 아들이다我是黄土地的儿〉라는 회고문을 발표했다. 15살이었던 시진핑은 1969년 1월 산베이 량자허라는 오지 마을에서 무려 7년 동안 토굴 생활을 했다. 바로 〈나는 황토 땅의 아들이다〉가 토굴 생활 7년의 회고이기도 하다. 처음에는 사방이 이로 득실거리고 일하기 힘든 환경에다 먹지 못할 정도의 음식으로 겨우 연명하는 삶이었지만 7년 동안 생활하면서 점차 터전을 가꿔나가 비로소 '황토 땅의 아들'이 되었다.

> "나는 농민의 실사구시를 배웠고 … 그들 속에 생활했고, 그들 속에 노동을 하여 그들과 나 사이의 구분이 없어졌다. … 20살 때 그들은 나를 서기로 뽑아주어 그들과 함께 우물과 방죽을 팠고 도로를 수리했다. … 그곳은 나의 제2 고향이 되었다. … 15살 나이로 이곳 황토에 왔을 때 나는 미망에 빠져 방황했으나 22살 나이로 이곳 황토를 떠날 때 나는 이미 견고한 인생 목표를 가졌고 자신감으로 충만했다."

정판교의 시 "청산은 소나무를 꽉 물어 놓아 주지 않으니 본디 바위틈에 뿌리를 내렸네"[41]를 인용하여 그는 당시 자신의 심경을 표현했다. 이는 시진핑 주석만의 '황토의식'이라 할 수 있다. 민중 속에 굳건히 뿌리를 내려 확고한 삶을 살게 되었다는 의미로 확신에 찬 인생관이자 국가관이다. 황토는 자신의 영혼이자 삶의 출발점을 의미했다.

15살 시진핑은 량자허에 사는 주민들과 전혀 별개의 대립적 관계였다. 그의 고향 북경 또한 량자허와 서로 대비되었다. 그러나 7년 동안 그곳에 살면서 시진핑 자신이 완전한 량자허의 농민이 되었고 황토 량자허의 뿌리가 되었다.

헤겔의 타자화 이론처럼 시진핑 역시 자신이 '타자(여기서는 황토 땅과 농민)'가 되면서 자기 자신으로 깨닫는 과정을 겪었다. 그렇지만 자기 자신을 버리는 것은 또 아니었다. 그곳 농민들은 그를 경원시했다가 북경에서 태어난 시진핑으로부터 지식을 얻었고, 계몽되어 새로운 세계관을 얻었다.

말파스 호주 태즈메이니아대학 철학과 교수는 "인간의 정체성이 장소와 일정한 관계가 있다"고 말했다. 땅이란 "능동적인 자연이며 인간화되고 인간화하는" 것으로 파악하며 생명 있는 것으로 여겼다. 인간이 '영향을 받을 수 있는 감수성'을 땅으로부터 얻을 수 있도록 마음을 열어놓아야 한다는 것이다. 즉, 땅

---

41 咬定青山不放松, 立根原在破岩中.

과 인간 사이의 대화를 강조한다.

앞서 말했듯 인간은 땅에게 자신의 마음을 열어두어야 한다. 실은 15살 소년 시진핑은 '황토'를 받아들이지 못하고 석 달 만에 북경으로 도망가기도 했었고, 그러다 다시 반년 만에 돌아왔다. 그러나 그를 제외하고 량자허에 이주한 청년들은 모두 떠났고 시진핑 혼자 남게 되었다. 7년 동안 그는 '황토'에 뿌리를 내려 체화했다. 세월이 흘러 그에게 이곳 황토가 북경보다 더 깊은 영향을 끼치게 되었다. 가장 가난한 빈농 속에서 7년을 보낸 그는 중국의 밑바닥과 하나가 되었고 '황토의 아들'이 되었다. '인내천人乃天'이라는 말처럼, 사람 즉, 인민이 곧 하늘이다. 천자는 하늘의 아들이다. 하늘의 아들이란 곧 인민의 아들이다. 시진핑 주석은 그러한 의미에서 인민의 아들이자 하늘의 아들인 셈이다.

시진핑의 풍수행위와 풍수신앙은 여기서 멈추지 않았다. 아버지 시중쉰 묘를 길지에 모시는 풍수행위가 있었다.

2002년 5월 24일, 시진핑의 아버지이자 중국 공산당 개국 원로였던 시중쉰은 향년 89세의 나이로 사망했다. 그는 베이징 서쪽 바바오산 혁명공묘에 안장되었는데, '여덟 가지 보물이 나는 산'이란 뜻을 가진 바바오산은 이름처럼 명·청두 왕조 이래 길지로 알려져 있다. 정상에 오르면 평지돌출의 언덕답게 사방이 다 보였다. 이곳으로 안장된 건 가문의 자랑이었다. 시중쉰뿐만 아니라 한때 '중국 천자'를 두고 라이벌 관계였던 보시라이의 아버지 보이보 전 부총리 부부의 무덤도 이곳에 있으며, 중화인민 공화국이 수립된 이후 혁명 열사와 고급 간부들의 묘 자리도 이곳으로 정해지기도 했다.

그런데 시진핑은 아버지 묘를 다른 곳으로 이장했다. 사회주의 중국에서는 드문 일이었다. 시중쉰이 죽은 지 3년째 되던 아침 유족들은 그의 유골을 들고 시안 역에 도착해 75킬로미터 떨어진 푸핑 현타오이촌에 안장했다. 이날 이장식에서 시진핑의 어머니 치신은 다음과 같이 말했다.

"… 시중쉰 동지가 마침내 광활한 황토 땅黃土地인 고향으로 돌아왔습니다. … 우리는 그의 유지를 받들어 각자의 업무에 최선을 다하며 혁명 후손을 양성할 것입니다."

여기서 의미심장한 단어가 '황토 땅'과 '혁명 후손 양성'이란 말이다. 황토 땅은 시진핑 주석이 자주 언급한 말이다. 혁명 후손 양성에서 그 후손은 누구를 말할까? 왜 시안으로 이장을 했을까?

시안은 시중쉰 부총리가 나서 자란 고향이기도 하지만, 13살의 나이로 혁명에 참가하여 1952년 베이징 중앙정부로 가기 전까지 활동했던 정치적 고향이다. 그는 이곳에서 서북왕西北王으로 불렸다. 죽어서 다시 돌아온 것이다. 그런데 시안은 단순히 그의 정치적 고향이라는 물리적 공간 그 이상의 장소성場所性을 갖는다.

'장안을 얻으면 천하를 얻는다得長安得天下'는 말이 전해진다. 장안은 시안西安의 옛 이름으로, 풍수 고전 《감룡경》은 "시안(장안) 일대가 태미원太微垣의 정기가 서려 있기에 천자의 도읍지가 되었다"고 말한다.

필자는 2020년 한 일간지에서 '용산공원화'와 관련하여 "용산을 얻으면 천하를 얻는다得龍山得天下"라는 문장을 썼다. 전문 가운데 일부를 소개하면 다음과 같다.

"미군 기지가 평택으로 이전하면서 용산 개발에 관심이 쏠린다. 산山은 용龍이요, 용龍은 임금이다. 따라서 임금은 바로 산이다. 그러므로 그곳은 제왕의 땅帝王之地이다. 용산을 얻으면 천하를 얻는다得龍山 得天下. … 임진왜란 · 청일전쟁 · 해방 이후 외국군이 주둔한 것도 땅의 이점地利를 알았기 때문이다. 용산이 역사에 처음 등장한 것은 900여 년 전인 1101년(숙종 6년). 당시 고려는 풍수설에 따라 도읍지를 옮기려 했다. 후보지로 용산이 주목받지만 북악(청와대 · 경복궁)에 밀렸다. 당시 도읍지 선정에 관여했던 최사추는 '산과 물을 꼼꼼히 살폈다審視山水'고 했다. 그런데 그는 북악산에 우뚝 솟은 봉우리만 보았지, 용산에 인접한 한강을 간과했다. 실수였다.

역사학자 윤명철(동국대 명예교수)은 이렇게 말했다. '북악산을 주산主山으로 하는 한양은 방어와 경관에 적지이다. 그러나 산업과 상업 그리고 무역을 통해 대외적으로 진출하려면 부두를 가까이 두고 항구와 관련된 인프라를 구축하는 게 필요하다. 이 점에서는 용산이 적지이다.' 폐쇄 국가의 도읍지로는 한양, 개방 국가의 도읍지로는 용산이 적절하다는 뜻이다. … 900년 전 최사추가 도읍지 후보로 살핀 용산의 풍수는 어떤 모습이었을까? 남산의 중심 산줄기中出脈는 하얏트호텔 → 이태원 부군당 역사공원 → 녹사평역 → 둔지산 → 미군 기지 → 국립중앙박물관으로 이어진다. 풍수에서 산을 용이라 했다. 용은 녹사평역에서 잠깐 엎드려 숨을 고른다. 용이 엎드린 곳은 고개(과협過峽)가 된다. 과협은 길지를 만드는 필수 조건이다. 잠시 쉰 용은 이어 고개를 쳐들어 한강 쪽으로 머리를 들이민다入首. 미군기지 내 둔지산이 바로 그 머리다. 큰 용이 물을 마시는 황룡음수黃龍飮水 형국이다. … 용의 부활에 시간이 필요하다. … 산은 용이요, 용은 제왕이라 했다. 제왕의 땅을 100년 뒤 후손에게 넘겨줌이 최선이다."[42]

위 칼럼은 당시 많은 풍수술사, 역술인, 법사들에게 인용되었다. 중국에서 시진핑 주석이 장안을 얻어 천하를 얻었다면, 한국에서는 "용산을 얻은 자 천하를 얻을 것"이란 말도 틀린 말은 아니다. 그러나 대한민국 헌법상 5년 대통령임기제하에서 과연 용산을 얻을자가 있을까?

---

42 〈김두규 교수의 國運風水〉, 조선일보, 2020년 10월 24일

시진핑 주석 부친 묘 풍수도

　시안에 부친 묘를 이장한 뒤 8년 만에 시진핑은 '중국의 천자'
로 등극했다. 시안에 안장된 시진핑의 부친 묘에서 고도의 풍수
행위가 드러난다. 우선 시중쉰의 유골과 석상이 안치된 뒤쪽에
나무를 첩첩이 심어 주산을 돋우었다. 일종의 비보 숲이다. "산
은 인물을 주관하고 물은 재물을 주관한다"는 풍수 격언이 있다.
중국인들이 풍수에서 선호하는 물은 보이지 않는다. 재물보다
권력과 명예를 추구하는 자리라 그렇다. 주산 뒤로는 용이 머리
를 들이민 입수入首의 흔적이 보인다. 주산 좌우로 또 숲을 조성
하여 청룡·백호를 만들었다. 또 안치된 유골과 석상 앞은 평평
한 공간 즉, 명당明堂을 만들었다. 본디 명당은 제후가 천자를 알

현하는 공간이다. 지금은 수많은 방문객들이 참배를 하는 곳으로 변했다. 필자가 이곳을 답사하던 날도 수많은 참배객들이 줄을 이었다. 명당 앞으로 주작대로가 길게 펼쳐진다.

조성된 비보 숲의 수종을 살펴보면 이곳 묘 주인의 의도를 알 수 있다. 이곳에는 소나무, 측백나무 등이 묘역을 둘러싸고 있으며, 그보다 조금 떨어진 곳에 모란 군락을 조성하고 있다. 소나무는 뭇 나무의 어른宗老으로, 거북 등처럼 툭툭 갈라지는 소나무 껍질은 현무玄武를 상징한다. 향나무는 예부터 사당이나 왕릉에 한두 그루씩 심는 나무이다. 측백은 불로장생을 상징하는 신선의 나무이고, 모란은 꽃의 왕花中之王을 상징한다.

묘역의 공간 구성이 역대 황릉의 축소판이다. 시진핑이 부친 묘를 이장할 때, 그는 절강성 서기로 중요 정치인이었으나 장래에 중국의 천자가 되리라고는 아무도 예상하지 못했다(2005년 절강성 서기 → 2007년 정치국 상무위원 → 2008년 부주석 → 2012년 11월 주석). 시진핑 주석은 전통적 풍수를 통해 그 음덕으로 중국의 천자가 되었다.

중국 공산당의 풍수 공식 입장

2021년은 중국공산당 창당 100주년이었다. 시진핑 주석은 100주년 기념행사에서 "중화민족의 위대한 부흥을 목표로 한 중국몽"을 천명했다. 서구 마르크스주의에 토대를 둔 중국공산당과 전통사상으로서의 풍수는 '중국몽' 실현과 어떤 상관관계가 있을까?

'과학적 사회주의'인 마르크스주의 관점에서 풍수는 분명 미신이었다. 1921년 7월 중국공산당을 창당한 천두슈의 풍수관에서 잘 드러난다. 그는 〈청년에게 드리는 글〉에서 "중국 지식인들이 과학을 모르고 음양오행설에 빠져 땅기운 운운하는 풍수설로 혹세무민한다"고 비판했다. '조상 뼈다귀에 매달리는' 미신에서 벗어날 것을 호소했다. 중국공산당의 풍수관은 이렇게 시작한다.

마오쩌둥 역시 1927년 〈호남농민운동 시찰보고〉에서 풍수·사주 같은 '미신'을 비꼬아 부정했다. "팔자를 믿어 운이 호전되기를 바라고, 풍수를 믿어 조상 묘에 좋은 기가 흐르기를 바라세요? 그런데 몇 달 전까지 그렇게 팔자 좋고 명당에 조상을 쓴 탐관오리들이 왜 처형되었을까요? 이것도 팔자와 풍수 탓일까요?"[43]

중국공산당이 풍수를 미신으로 공식화했지만, 1949년 중화인민공화국을 세울 때까지는 국민당과의 내전, 항일전으로 풍수 같은 하찮은 미신에 신경 쓸 겨를이 없었다. 공산당이 풍수 등 미신을 본격적으로 탄압한 것은 1958년 '대약진운동' 때부터였다. 조상 숭배 및 매장 금지와 더불어 무덤과 비석이 철거되고 대신에 화장장이 들어서면서 화장이 강요되었다. 풍수사들은 영

43　마오쩌둥, 《모택동 선집1》, 김승일 역, 범우사, 2001

업행위를 알리는 간판을 집밖에 내걸 수 없었다. 그렇지만 이때도 풍수행위는 은밀하게 행해졌다.

중국 풍수 역사상 최대의 시련은 1966년에 시작된 '문화혁명' 동안이었다. 풍수사들의 집들이 수색되고 풍수 서적과 도구들은 압수, 소각되었다. 일부 풍수사는 맞아 죽기도 했다. 홍위병들은 무덤들을 파헤치고 유골들을 불태웠다. 그렇다고 풍수신앙이 사라지지 않았다. 한밤중에 후손들이 은밀히 파헤쳐지고 불태워진 조상의 뼈들을 수습해 집 근처 아무도 모르는 곳에 숨겨두었고, 여기에 또 풍수사에게 자문을 구하기도 했다.

1978년 덩샤오핑의 등장과 개혁개방 정책으로 풍수도 재생의 길을 찾는다. 1988년 인민일보는 풍수지리를 '신흥환경지리학'으로 복권시켰다. 1990년 난징의 동남대학 건축과 허샤오신何曉昕 교수는 《풍수탐원》이란 책을 출간했다. 물론 국가의 동의에 의해서였다. 여기서 허샤오신 교수는 풍수를 '미신'이 아닌 '학문'으로 정의했는데, 대부분의 중국 학자들이 '학문'까지는 아닐지라도 '지식'이라는 데 동의했다.

2005년 〈중국건설부 200577호〉 문건에서는 "건축 관련 풍수는 과학의 문제이며, 무덤 풍수는 신앙의 문제"라고 하여 풍수를 과학과 신앙의 차원으로 올려놓았다. 2005년 5월 당시 저장성 서기로 있던 시진핑이 아버지 시중쉰 묘를 베이징에서 시안 푸핑현 대명당으로 이장할 수 있었던 것도 공산당의 풍수관 변화 덕분이었다.

2012년 12월 중국은 쓰촨성 랑중시에서 12월 9일을 '세계풍수문화의 날'로 선포하고 거대한 행사를 치렀다(필자는 이 행사에 문화재청 파견으로 참관인 자격으로 참석하였다.).

중국 공산당 100년 동안 풍수는 미신에서 지식(학문), 신앙을 거쳐 문화로 그 위상이 거듭 바뀌었다. 이제 중국공산당에게 풍수는 '미신이냐 과학이냐?'의 문제가 아니다. 중국몽 실현에 부응하는 세계적 문화로 자리매김하는 것이 목표다.

물 풍수로 성공한 트럼프 전 미국 대통령

미국과 유럽 풍수 시장

인터넷 서점인 아마존 킨들 사이트에는 1,000여 권의 영어를 비롯한 다양한 유럽어로 출간된 풍수서 목록이 있다. 대부분 학술서가 아닌 실용서이다. '미네르바의 올빼미'가 황혼이 질 무렵 비상하듯, 서구의 학자들도 풍수라는 먹잇감에 관심을 갖기 시작한 지 오래다. 실용서만큼 많지 않으나 드문드문 풍수 학술서가 나오기도 한다. 극명하게 논조가 갈린다. 하나는 서구 유럽에 풍수가 수용되는 사실을 다양한 관점(사회학, 인류학)에서 접근하는 것이고, 다른 하나는 풍수라는 사이비 과학pseudoscience을 철저하게 박멸해야 한다는 논조이다.

최근 출간된 대표적인 풍수 학술서가 2019년에 발간된

《Fengshui : Teaching About Science and Pseudoscience(풍수: 학문과 사이비 학문에 관한 강의)》이다. 서구 과학철학자들의 집단 편집 회의를 거쳐 매슈스M. R. Matthews 교수가 대표로 집필한 책이다. 이 책은 풍수의 서구 침입에 대한 '공포'를 드러낸다.

"풍수는 이제 수십억 달러의 국제적 성장 산업이 되어 수백만 사람들을 감염시키고 있다. 풍수는 기氣를 바탕으로 이루어진 이론인데 기 자체가 증명할 수 없는 허구이다. 풍수는 과학을 위장한 미신임을 학교에서 알려줘야 한다."

매슈스 교수는 구체적 수치로 풍수를 비롯한 미신이 유럽과 미국을 잠식하고 있음을 보여준다.

"미국 국립 과학재단National Science Foundation 발표에 따르면, 2002년 조사를 통해 미국인의 40%가 풍수, 예언, 사주, 타로, 관상, 심령술, 악마 등의 존재를 믿고 있으며, 2005년의 '미국 갤럽'은 미국인의 75%가 각종 미신들을 믿는 것으로 나타났다. … 2017년 이탈리아 소비자협회에 따르면 155,000명의 이탈리아인이 점성술, 예언가, 타로, 풍수 등과 같은 미신 업에 종사하고 있으며, 이탈리아 인구 6천만 명 가운데 1,300만 명이 이들을 찾고 있다. 그 시장은 연 80억 파운드에 달한다."

트럼프와 풍수의 만남

풍수 시장의 속성을 정확하게 파악하고 활용한 사람이 대통령이 되기 전까지 사업가였던 도널드 트럼프였다. 그는 풍수를 통해 세계적인 부동산 왕이 되었다.

트럼프는 부동산 재벌, 그리고 이를 바탕으로 미국의 대권을 거머쥔 자수성가형 인물로 알려져 있지만, 그의 성공에는 풍수가 절대적이었다.

트럼프 풍수는 우리나라 것과는 다르다. 지금의 한국 풍수가 미신적 수준을 벗어나지 못하고 있는 데는 몇 가지 이유가 있다. 한국의 풍수술사들이 음택(묘지) 풍수의 울타리를 벗어나지 못한 데다가 풍수 원전(한문과 영어)들을 읽어내지 못하여 텍스트를 해석 응용할 수 없는 것이 가장 큰 문제이다.

트럼프는 일찍이 사업차 홍콩과 중국 그리고 세계의 화상華商들과 접촉하면서 양택(주택) 풍수의 이점을 간파하고 이를 응용하여 부동산 개발에서 큰 성공을 거두었다. 그가 처음부터 풍수를 안 것은 아니었다. 트럼프는 풍수와의 인연을 다음과 같이 소개했다.

"나(트럼프)는 아시아의 부호들에게 매우 비싼 아파트들을 분양 중이었는데 갑자기 중단되었다. '풍수'라 불리는 어떤 것 때문이었다. 그 당시 결코 들어보지 못한 단어였다. 내가 물었다. 도대체 풍수가 무엇인가?"

아시아 부호들에게 풍수가 필수라는 것을 알게 된 그는 풍수를 잘 활용했다. 그리고 이 전략은 아시아 고객뿐만 아니라 세계적인 명사와 부호들에게 어필하여 대박을 터트렸다. 트럼프는 평소 다음과 같은 말을 자주 한다.

"굳이 풍수를 믿어야 할 필요는 없어요. 그저 풍수를 이용해요. 왜냐하면 그것이 돈을 벌어다 주기 때문이지요(I don't have to believe in Feng Shui. I use it because it make me money)."

이렇게도 말한다.

"당신은 풍수를 굳이 믿을 필요는 없어요. 나는 다만 그것이 돈이 된다는 것은 알지요(You don't have to believe in Feng Shui. I just know it brings me money)."

그는 '풍수란 사람이 살고 일하는 데 필요한 이상적인 환경을 창조하는 실천 기준을 제공해주는 것'이라고 이해한다. 부동산 업자로서 그의 목적은 '풍수를 통한 부동산 가치의 극대화'였다. 그는 풍수사들의 자문에 따라 건물 입구 디자인을 주변과 조화를 이루게 했다. 심지어 풍수사들로 하여금 빌딩에 고사를 지내게 하고, 방송에 출연시켜 홍보를 하도록 했다.

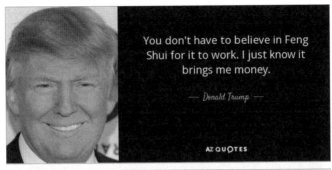

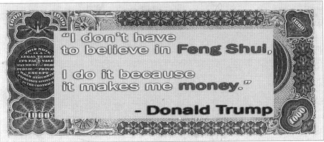

트럼프와 풍수를 묘사한 그림

 트럼프는 왜 부동산과 건축업에 투신했는가? 부동산에 관심
을 갖게 된 것은 부동산 및 건축업자 아버지를 통해서였지만, 일
찍이 자신이 부동산에 투자하고 개발하는 데 능력이 있음을 스
스로 발견했다. 본능적으로 부동산이 큰 부자가 되는 지름길임
을 터득했다. 그렇다고 해서 부동산을 통해 모두 재벌이 되는 것
은 아니다. 부동산으로 인해 망한 기업이 한둘이 아니다. 트럼
프가 세계적 재벌로 성공하는 데는 그의 직관과 풍수에 대한 관
심이 큰 역할을 했다. 게다가 그는 늘 냉철한 오성을 견지하도
록 술과 담배를 하지 않았다. 천부적 능력, 풍수, 절제, 이 세 가

지가 그를 사업가로서 그리고 정치가로서 세계 최정상에 이르게 했다. 트럼프는 부동산 투자 및 개발의 이점을 다음과 같이 정리한다. ① 현금이 매달 들어온다. ② 은행들이 돈을 빌려주기 위해 줄을 선다. ③ 세입자가 대출금을 대신 갚아 준다. ④ 부동산 가치가 하락하는 일은 잘 일어나지 않는다. ⑤ 부동산 투자와 개발에는 합법적으로 세금을 피하는 방법들이 있다. 세금을 안 내면 빨리 부자가 된다. ⑥ 부동산은 안전하게 투자할 수 있는 좋은 대상이며 완전한 파산은 없다.

부동산 투자와 개발 그리고 마케팅에 트럼프가 활용한 풍수는 구체적으로 어떤 것일까? 부동산 투자와 개발에서 가장 중요한 세 가지가 있다. 그 세 가지란 다름 아닌 '입지location, 입지, 입지'이다. 그만큼 입지가 중요하다는 뜻이다. 어떤 입지일까? 우리나라의 경우 역세권을 가장 먼저 언급할 것이다. 그러나 트럼프는 '풍세권風勢圈'을 강조한다. '풍수風의 지세勢가 좋은 지역圈'을 강조한 것이다. 트럼프가 '풍세권'에서 가장 중시하는 것이 무엇일까? '뛰어난 전망'이다.

"전망을 최대한 활용하여 아주 특별한 건물을 지어라."

트럼프의 절대명령이다. 전망이란 '내다보이는 풍경'을 말한다. 풍수의 핵심 내용 가운데 하나가 좌향론坐向論이다. 좌坐는 건물이나 무덤이 등을 대고 있는 뒤쪽을 말하고, 향向은 건물이나 무덤이 마주하는 앞쪽을 말한다. 따라서 좌와 향은 서로 반대 방향을 의미한다. 예컨대 청와대·경복궁의 경우 좌는 북악산이고 향은 광화문과 청계천이다. 용산의 경우 한강이 '향'이고 남산은 '좌'이다. 대통령 집무실 이전지로 거론되는 용산 국방부청사는 한강이 아닌 남산 쪽을 바라보고 있다.

풍수에서 '좌향'은 단순한 방향표기 이상의 철학적 의미를 갖는다. 좌는 뒤쪽으로 과거를 의미하며, 향은 앞쪽으로 미래를 의미한다. 좌는 지나온 과거, 집안 내력, 인물 등을 상징하며, 향은 그 집안이나 공동체가 지향하는 미래를 나타낸다. 좌는 산 쪽을 가리키며 향은 들판과 물을 바라본다. 전통적으로 한국 풍수는 좌를 중시한다. 즉, '산 풍수'인 셈이다. "산은 인물을 주관하고, 물은 재물을 주관한다"는 풍수 격언에 따르면, 좌를 중시한다는 것은 훌륭한 인물의 배출을 염원하는 것이고, 물을 중시한다는 것은 재물의 번창을 염원하는 것이다. 트럼프가 전망 즉, 향을 중시하는 것도 이와 같은 맥락에서 해석할 수 있다.

트럼프가 부동산에 투자할 때 가장 중시한 것은 무엇일까? 첫 번째가 강이나 바다 즉, 물이 있는 곳을 주목했다. 풍수에서 '물은 재물을 주관한다'고 했다. 즉, 트럼프는 산 풍수가 아닌 물 풍수를 실행한 것이다. 미래 서울과 대한민국 발전에 '한강'이 중요한 이유이다. 윤석열 대통령의 '용산시대'를 관심 있게 바라보는 이유이기도 하다. 1970년대 중반, 트럼프가 뉴욕에서 부동산 개발을 시작할 때 남들이 거들떠보지 않던 땅에서 그는 성공 가능성을 찾았다. 다름 아닌 허드슨 강변의 버려진 땅이었다.

> "뉴욕에 있는 여러 부동산들 중 가장 나의 마음을 매료시켰던 것은 59번가에서 시작해서 72번가까지 허드슨강을 따라 쭉 이어진 거대한 철도 부지였는데, 그것은 당시만 해도 쓸모없이 방치되어 있었다."

트럼프는 이곳이 전망이 좋아 분양과 임대에 강점을 지닐 것으로 판단했다. 모든 아파트를 서쪽이나 동쪽 혹은 양쪽 모두 허드슨강 쪽으로 시야가 탁 트이도록 지으면 전망이 좋을 뿐만 아니라 건물 자체가 장엄하고 멋지게 보인다. 그런 곳에 세계 최고층 빌딩을 짓는다면 금상첨화가 될 것이라고 생각했다. 그리고 그의 예측은 성공했다. 트럼프의 이러한 기본 철학은 이후 모든 부동산 개발 및 빌딩 건축에 적용된다.

두 번째, 입지다. 입지가 좋다면 트럼프는 프리미엄을 지급하는 것도 마다하지 않았다. "50~100%까지 돈을 더 주고서라도 기꺼이 땅을 구입하라"는 것이 트럼프의 지론이다.

세 번째는 전망이다. 자연적인 전망이 없을 경우 전망을 만들었다. 트럼프는 "모든 것은 변할 수 있다"고 확신한다. 풍수 고전 《금낭경》은 다음과 같이 말한다.

"풍수를 이용하여 통치자君子는 신이 하는 바를 빼앗아 하늘이 인간에게 부여한 운명을 고친다."[44]

위 문장에서 군자君子는 성현이 아닌 통치자 혹은 대통령을 의미한다. 이런 의미에서 트럼프는 진정 동양의 풍수를 이해한 사람이었다. 자연적 전망이 없을 때는 어떻게 할까? 트럼프는 전망을 만들면 된다고 했다. 그의 전망 만들기 방법은 다음과 같다. 첫째, 출입구를 경관이 아름다운 곳 즉, 강이 있는 쪽으로 낸다. 둘째, 전망 확보를 위해 대지를 인위적으로 높인다. 셋째, 전망 확보 방법으로 마천루(초고층 아파트)를 짓는다. 넷째, 전망을 확보하는 방법으로 빌딩 벽면을 다면한다. 심지어 그는 어떤 빌딩을 28면으로 만들었다. 서울 여의도와 용산에 있는 '트럼프 타워'도 그와 같다. 거의 원형에 가까운 빌딩 모양이다. 이러한 벽면의 다면화는 풍수를 환상적으로 응용했다. 풍수에서 가장 이상적인 건물 벽면은 원형, 팔각형, 육각형 순이다. 다섯째, 허름한 빌딩을 인수해 개조하거나 확장하여 품질을 높인다. 여섯째, 아트리움中庭을 만든다. 일곱째, 반사거울을 활용한다. 여덟째, 작은 숲이나 정원을 조성한다. 이는 전망을 확보하는 데 도움이 된다. 아홉째, 인공폭포를 조성한다. 물은 돈의 기운을 유혹하는 훌륭한 수단이다.

---

44 是以君子奪神功改天命.

트럼프 풍수의 핵심은 신비한 분위기mystical aura를 만드는 것이다. 풍수에서 말하는 이른바 '생기生氣, vital energy를 돌게 하는 것'[45]이다. 트럼프는 이 아홉 가지 방법을 통해 자신이 지은 건물들에 세계적인 명사와 부호들을 입주시키면서 그도 세계적인 부자가 되었다.

시진핑 주석과 트럼프 전 대통령은 풍수 역사를 새롭게 쓴 인물이었다.

세계 최빈국 북한은 왜 망하지 않는가?

우리의 상식으로는 세계 최빈국이자 왕조 국가인 북한은 진즉 몰락했어야 한다. 남한에서 그러한 통치방식이 진행되었더라면 몇 번이나 정권이 무너졌을 것이다. 이승만 대통령은 하와이로 망명을 했고, 박정희 대통령은 시해당했다. 독재자 전두환도 결국 국민에게 항복하고 개헌을 했다. 훗날 사형선고를 받고 감옥에 갔다. 2022년 그가 죽었지만, 국민들이 무서워 묘지조차 만들지 못하고 있다. 박근혜 대통령은 탄핵되어 권좌에서 물러났다. 이명박 대통령은 퇴임 후 구속되어 지금도 감옥 생활을 한다.

45　乘生氣

북한은 예외이다. 90년대 다른 동구 사회주의 국가가 몰락했음에도 의연히 건재한다. 더구나 핵보유국이 되었다. 미국도 일본도 함부로 하지 못한다. 무엇으로 설명할 수 있을까? 정치, 경제, 국제학자들은 북한을 설명하기에 바쁘다. 풍수적으로 설명이 가능할까? 가능하다.

북한의 도읍지 평양 풍수

2018년 9월 18일 문재인 대통령의 방북 때 관심을 끌었던 곳이 '대동강수산물식당'이었다. 김정은 위원장이 직접 작명했다. 2018년 6월 9일 개관 사실을 중국과 일본 언론이 보도할 만큼 큰 사건이었다. 식당은 물 위에 떠 있는 배를 형상화했다. 같은 해 10월 4일 민족통일대회 방북단 일원으로 평양에 간 당시 유성엽 의원(3선)은 대동강수산물식당 입지를 일부러 유심히 살폈다. 풍수·역학 등에 조예가 깊은 그는 다음과 같이 평했다.

"대동강수산물식당이 자리한 것은 마치 서울의 압구정동과 같은 입지이다. 강물이 감싸 돈다. 강 건너에는 김일성, 김정일 부자가 안장된 금수산태양궁전이 마주하고 있다. 언뜻 보아도 길지이다."

왜 대동강이며 왜 물 위에 떠 있는 배 모양으로 지었을까? 김 위원장의 의도는 무엇일까? 평양은 풍수상 대동강과 보통강으로 둘러싸인 배 모양의 형국 즉, 행주형국行舟形局이다. 이중환의 《택리지》에도 언급된다. 행주형의 땅은 우물을 함부로 파지 못하게 했다. 배에 구멍을 내는 일과 같기 때문이다. 샘물이 부족하니 대동강 물이 용수로 활용되었다. 봉이 김선달이 대동강 물을 팔아먹은 것도 강물에 대한 수요가 많았기 때문이다. 행주형의 땅은 농업에 적합한 땅이 아니다. 배에다 물건을 가득 실어 내다 파는 곳이어야 한다. 행주형인 담양이 한때 농업 대신 죽제품을 상품화하여 크게 번창했던 것과 같은 이치이다.

일찍이 최남선 선생은 한반도가 행주형이기에, 조선이 무역으로 나아가야 살 수 있다고 주장했음은 앞에서 소개했다. 김정은 위원장이 대동강수산물식당을 행주형으로 짓게 한 것도 이러한 풍수적 관념을 바탕에 둔 것이다.

대한민국 청와대 터와 용산 그리고 북한의 수도 평양을 비교하면 그 같고 다름을 알 수 있다. 평양은 개성, 한양(청와대·경복궁)과 더불어 우리 민족 3대 도읍지 가운데 하나이다. 평양 풍수에 대해서는 이병도 박사의 연구가 탁월하다. 그의 연구를 참고로 평양의 풍수를 살펴보자.

평양이 우리 민족 풍수에 등장한 것에 대해 가장 큰 관심을 가졌던 이는 고려 태조 왕건이었다. 그가 남긴 〈훈요십조〉 다섯 번째 항목에서이다.

"다섯째, 짐은 삼한 산천의 보이지 않는 도움으로 대업을 성

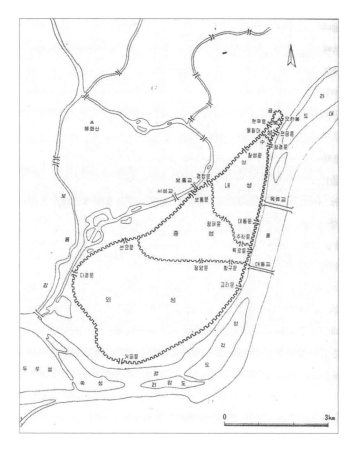

지도를 보면 보통강과 대동강이 아주 가까이서 평양을 둘러싸고 흐름을 알 수 있다.

취했다. 서경(평양)은 수덕水德이 순조로워 우리나라 지맥의
근본이 된다.”

“평양은 수덕이 순조롭다西京水德順調”라는 말은 무슨 뜻인가? 보
통강과 대동강이라는 두 강이 평양을 감싸는데 그 흐름이 급격

하지 않고 완만하다는 뜻이다. 이에 대해 이병도 박사는 이와 같이 설명했다.

> "(평양은) 좌우, 앞 삼면에 조용히 강물이 흐른다. 평양 동남쪽으로는 대동강이 흐르고, 서쪽에는 대동강으로 구불구불 흘러드는 보통강을 끼고 있어, 이 두 강과 만나는— 특히 대동강 왼쪽 강 언덕 일대의— 드넓은 평야의 모습은 개경에서는 찾아볼 수 광경이다.
> 그 중에서도 대동강은 낭림산에서 시작해 성천강, 삼등강, 보통강 세 강이 합쳐지고, 그밖에 하류에서는 재령강이 합쳐져 서해로 흘러드는 큰 강(약 430여 킬로미터)으로, 강물이 완만하고 깊다는 점에서 한국에서 첫째로 꼽힌다. 태조가 〈훈요십조〉 제5조에서 평양은 수덕이 순조하여 우리나라 지맥의 근본이 된다고 말한 것은 곧 이를 말하는 것이다."[46]

왕건이 말한 '수덕순조水德順調'는 실학자 이중환이 《택리지》에서 표현한 문장을 참고하면 좀 더 이해가 될 것이다. 이중환의 《택리지》가 묘사한 평양 풍수는 앞에서 소개한 중국의 강남 상업도시를 연상시킨다.

> "평양은 앞뒤 백 리나 되는 들판이 탁 틔어 밝고 환하다.

46   이병도, 《고려시대의 연구》, 아세아문화사, 1979.

그러므로 그 기상이 크고 넓고, 산 빛은 아름답고도 곱다.

강물은 급하지 쏟아지지 않고 느릿느릿 앞을 향해 출렁거리
며 나아가네.

산과 들이 알맞게 어울리고, 들과 물이 알맞게 어울려, 산과
들은 평탄하고 빼어나고, 강물은 크고도 넓다.

크고 작은 장삿배가 물결 속에 보였다가 사라지고, 빼어난
바위와 층층 바위들이 구불구불 멀리 강 언덕으로 이어진다.

서북쪽으로는 좋은 밭에 평평한 밭두둑이 아스라이 펼쳐지니,
이곳이 진정 별천지이로다."⁴⁷

사방이 산으로 둘러싸인 한양(청와대·경복궁)과 개성(산 풍수)과
달리, 평양은 보통강과 대동강으로 둘러싸인 점이 특징이다(물
풍수). 물론 한양(서울)도 한강이 대동강과 같은 역할을 할 수 있
으나, 한양은 남산이 한강을 중간에 가로막고 있기에 평양과는
다른 입지이다. 바로 이 점에서 평양을 배가 떠가는 형국인 행주
형行舟形이라 부르는 것이다.

한강을 낀 용산은 대동강을 낀 평양과 비슷한 지세이다. 따라
서 미래 대통령 집무실로 용산은 손색이 없다. 다만 현재 미군기
지가 상존하고 있다는 점이 문제이다.

인민들에게는 '하층민들의 계급의식과 투쟁정신을 마비'시키

---

47 平壤前後 百里開野 豁然明朗 故氣像宏恢而山色秀嫩 江不急瀉而平徐演漾於前 山與野稱 野與水稱 平坦
    秀麗 浩浩洋洋 商船賈船 出沒波中 秀石層嚴 逶迤江岸 西北則良田平疇 極目瀰漫 是一別乾坤也.

는 봉건 도배들의 미신이라고 교육하면서도 통치계급의 묏자리와 군사시설에는 철저히 풍수를 활용함은, 조선왕조의 그것과 별 차이가 없다. '조선민주주의인민공화국'란 거창한 이름과 모순되게 조선왕조나 다를 바 없는 봉건왕조주의적인 풍수 수용을 해오고 있음을 살폈다. 조선왕조가 성리학과 풍수를 통치 도구로 활용했다면, 북한은 주체사상과 풍수를 통치 도구로 활용했다는 점이 차이라면 차이이다. 그렇게 정권을 유지해고 있지만 북한은 왜 세계 최빈국이 되었는가? 철학자 안광복 박사의 견해는 다음과 같다.

> "남한은 사실상의 섬나라다. 휴전선으로 북쪽이 막혀 있기 때문이다. 해외 진출과 수출은 살기 위해 걸었던 승부수였다. 북한도 철저하게 섬으로 남았다. 옛 중국이 자신들을 가두었듯 북한도 우리 식대로 살자며 국경을 꽁꽁 가두었다."[48]

조선도 청와대 · 경복궁 터의 '산 풍수'를 고집했다. 또 성리학이란 계급독재를 바탕으로 철저하게 폐쇄국가를 유지했다. 그러다가 망했다. 북한은 대동강 '물 풍수'와 '핵 보유'로 정권을 유지하고 있다. 그 끝은 어디일까?

---

48   안광복, 《지리 시간에 철학하기》, 웅진주니어, 2010.

한양(청와대와 경복궁 터)·평양·용산의 풍수를 도표화하면 다음과 같다.

	청와대 터	용산	평양	용산 국방부 터
주산(主山)	북악산	남산	금수산	둔지산
향(向)	남향	남향	남향/서향	북향
주수(主水)	없음	한강	대동강	만초전(복개)
풍수국	산 풍수	물 풍수	물 풍수	물 풍수
명당 경사	경사짐	평탄함	평탄함	평탄함
개방성	폐쇄적	개방적	개방적	개방적
명당발복	권위, 권력	재물, 문화	재물, 문화	

좋은 터만 잡으면 '명당發福' 된다?– 적극적인 행동이 먼저다

시대마다 광기가 있다. 노동을 통해서가 아니라 부동산 투기로 치부를 하려는 것은 이 시대의 광기이다. 19세기에도 그러한 광기가 있었다. 묘지 풍수였다. 전봉준은 언젠가 지관地官을 초치하여 "크게 왕성할 자리가 아니면, 아예 후사가 끊길 자리를 잡아 달라"고 부탁했다. 왜 후손이 끊길 자리인가를 묻자 "오랫동안 남의 밑에서 살면서 구차하게 성씨를 이어가느니 차라리 후사가 끊어지는 것이 낫다"고 답했다.

운명을 바꿀 수 있는 땅의 기운을 다룬 영화 〈명당〉

    홍선군은 "날마다 장동 김씨네 문 앞에서 옷자락 끌며 얻어먹고 구차하게 살기보다 폭사暴死를 당하더라도 한 번쯤 크게 될 명당에 선친을 모시자!"고 형님들을 설득했다. 그는 2만 냥이란 거금을 마련하여 충남 가야산의 절을 사서 불태우고, 절 뒤 탑 자리에 무덤을 썼다. 이때가 1846년이다. 2명의 천자(임금)가 나올 자리라는 말을 듣고서였다.

    홍선군보다 풍수에 더 열을 올린 세도 가문이 있었다. 김좌근은 아버지 김조순 묘를 1832년 여주 효자리에 장사 지냈으나, 1836년에 백석동으로, 1841년 이천 가좌리로 이장했다. 장동 김씨 권력을 천년만년 이어가고자 함이었다.

    2017년 작 〈명당〉은 명당을 둘러싼 권력투쟁을 다룬 영화이다. 영화 속 갈등은 두 가지로 전개된다. 하나는 흥선군과 김좌근 집안 사이의 명당을 둘러싼 싸움, 다른 하나는 두 지관 박재상과 정만인 사이의 갈등이다. 정만인은 두 명의 천자가 나올 땅을 흥선군에게 소개하는 반면, 다른 지관 박재상은 이를 적극 말린다. 두 명의 천자가 나오겠지만, 이후 나라가 망한다는 이유 때문이다.

영화 속 내용 모두가 역사적 사실은 아니나, 분명한 것은 19세기를 살다 간 권력자·지식인·부자도 길지를 찾아 조상 무덤을 썼다는 점이다. 〈명당〉은 그러한 시대상을 바탕으로 조선 풍수사風水史에 등장하는 유명 사건들에서 소재를 취했다. '장손이 끊어질 자리에 임금의 무덤 자리를 잡았다'는 내용은 세종 당시 유명한 노비 풍수 목효지를 연상시킨다. 세종의 세자빈(단종의 어머니)이 죽어 안산에 장지를 정했는데, 목효지가 몰래 가서 그 자리를 보고 세종에게 상소를 올린다. 목효지는 그 공로로 노비에서 풀려났지만, 수양대군(훗날 세조)의 미움을 사서 결국 교수형을 당한다.

선왕의 능이 흉지라는 지관의 말에 왕이 능을 파보게 하자 뱀이 나오는 장면이 있다. 풍수에서는 사변蛇變이라 부른다. 인조의 무덤(장릉)에서 뱀이 나와 천릉을 한 사건을 연상시킨다(1731년). 또 하나 소재는 암장暗葬이다. 남의 무덤 한쪽을 파고들어가 자기 조상 유골을 묻는 것을 말한다. 장동 김씨가 왕릉에다 암장을 한 장면은 부정한 명당 취득 방법 가운데 하나였다.

김좌근도 홍선군도 모두 길지를 찾아 선친을 이장했다. 그런데 왜 홍선은 성공했고 장동 김씨는 몰락했을까? 영화 〈명당〉은 답하지 않았다. 땅만이 전부가 아니다. 홍선군은 문정왕후가 묻힌 태릉을 지키는 참봉 자리까지 자청한다. 조대비가 태릉을 자주 참배한다는 사실을 알고서였다. 홍선군은 자연스럽게 조대비를 만날 수 있었다. 훗날 조대비로 하여금 홍선의 아들을 왕위에 오르게 한 인연의 시작이었다. 명당발복은 단지 좋은 터를 잡는 것만으로 이루어지지 않는다. 발복을 위한 적극적 행동이 전제된다.

서울의 명당이 바뀌고 있다 - 권력과 돈줄도 따라 움직일까

윤석열 대통령의 용산 집무실 이전으로 서울의 명당 구조가 바뀌고 있다. 명당이란 사람이 활동하는 일종의 '판field'이다. 명당 구조가 바뀐다는 것은 판이 바뀐다는 뜻이다. 판이 바뀌면 권력과 부富의 판도 바뀐다. 서울의 명당 구조가 바뀌고 있음을 어떻게 알 수 있는가? 지극히 작은 변화 혹은 사소한 사건에서 엿볼 수 있다.

2016년 5월 중순 주요 신문들이 다음과 같은 기사를 실었다.

"프레스센터에 입주하고 있는 금융위원회가 정부서울청사로 이전하면서 금융위원회 표지석이 폐기 처분의 위기에 처했

서울 태평로1가 프레스센터 앞에 있었던 금융위원회 표지석 모습

다. 김석동 전 위원장이 이를 가져가기로 했다. 훗날 정부가 요청하면 되돌려준다는 조건으로."

바위에 글자가 새겨지는 순간 그것은 혼(魂)을 갖는다. 세계에서 가장 오래된 정원에 관한 책은 11세기 일본에서 쓰인 《사쿠테이키》이다. 이 책은 정원 조성의 3대 요소로서 산, 바위, 물을 꼽는다. 그런데 《사쿠테이키》는 세 요소를 단순한 사물로 보지 않고 의인화한다. 산은 임금으로, 바위는 임금을 보좌하는 신하로 그리고 물은 인민으로 본다. 바위(신하)는 산(임금)을 지탱하고 물(인민)의 흐름을 조절하는 주요 요소가 된다. 김 전 위원장이 표지석의 의미를 알고 있었던 걸까?

표지석 사건은 언뜻 보면 대수롭지 않은 일이다. 하나의 작은 사건일 뿐이다. 점(占)에 관한 최고 경전 《주역》의 기본 정신은 "작은 변화(낌새)를 보고 다가올 변화를 대처함(견기이작見機而作)"이다. 중국 갑부인 알리바바의 마윈馬雲 회장이 풍수를 신봉한다고 주장한 바 있다. 그는 "풍수의 제일 원리는 변화에 주의해야 함 風水的第一 原理, 改變千萬要注意"이라고 했다. 표지석 사건도 하나의 작은 낌새이다.

처음 금융위원회 사무실은 서울 반포에 있었다. 이후 여의도와 프레스센터를 거쳐 서울정부청사로 들어가게 되었다. 정부 부처 이동은 흔한 일이기에 대수로운 일이 아니다. 그러나 풍수 학인의 눈에는 이러한 정부부처 이동은 단순한 집무실의 변화가 아니라 권력의 변화로 보인다. 특히 금융위원회가 민간 경제 돈의 흐름에 절대적 영향을 준다는 의미에서 그렇다.

전통적으로 조선의 수도 한양의 핵심core 명당(판)은 사대문 안이었다. 권력과 부의 중심이 사대문 안에 있었다. 대한민국 수립 이후에도 본질적 변화는 없었다. 청계천 상류에 관공서와 언론사, 중류에 대기업 그리고 하류에 중소기업들이 포진했다. 조선과 대한민국의 권력과 부는 바로 이 청계천을 중심으로 움직였다. 서울의 외연이 한강을 넘어서까지 확대되었다. 주요 정부부처와 사옥들이 사대문 안을 벗어나 이쪽으로까지 진출함이 그 방증이다. 이들의 이동은 힘의 이동을 상징한다. 따라서 이들의 이동과 분포를 보고서 미래 권력과 부의 이동을 볼 수 있다는 것이 풍수 논리이다.

변하는 것과 변하지 않는 것이 있다. 불변의 것은 산과 물이며, 변하는 것은 길(도로)이다. 북악산(인왕산)과 청계천이라는 산과 물은 바뀌지 않는다. 그러나 길은 바뀐다. 길이 바뀌면 그 길 따라 권력과 부가 움직인다. 한때 대기업 사옥들이 남대문 · 태평로 · 세종로 혹은 서소문로 · 태평로 · 세종로 주변에 포진했던 것도 서울역과 김포공항으로 가는 길목이었기 때문이다. 바뀌는 것은 또 바뀔 수 있다. 불변의 산과 물에 잔류 혹은 새로 진입하는 세력이 미래 권력과 부의 주역이 될지, 아니면 신작로를 따라 움직이는 쪽이 미래의 주역이 될지 지켜볼 일이다.

선거철에 점집 찾는 사람들–
길흉吉凶은 당신의 행동거지에 달렸다

선거철이 다가오면 특수를 누리는 업종이 하나 있다. 점집이다. 신점(무당), 사주, 별점, 관상, 육임점에서 최근의 타로점 등 종류도 다양하다. 이웃나라 일본과 중국도 마찬가지이다. 이 가운데 시장 규모가 큰 것이 사주와 풍수이다. 어떻게 알 수 있는가? 대형서점 역술 코너에 가보면 사주 책이 가장 많고 그다음이 풍수 서적이라는 걸 알 수 있다. 기존의 점쟁이를 밀어내고 사주 전문가들이 생겨난 것이다. 크게 세 부류이다.

첫째, 기존의 사주 상담을 바탕으로 책을 써 자기 홍보를 하는 이들이다. 둘째, 사주를 하나의 담론('동양학'의 일부로)으로 삼아 사주 대가들의 기행奇行들을 과장 및 신비화하는 부류이다. 셋째 부류는 일부 입시, 증권, 부동산 전문가다. 주로 고객들에게 돈이 되는 종목, 시기, 진로, 땅 등을 상담해준다.

주술의 시대가 아닌 계몽의 21세기에 사주와 풍수가 여전함은 어인 일인가? 빈곤한 인문학 탓이다. 인문학이란 인간사人間事에 관한 학문을 말한다. 그런데 인간사人란 복잡하여 그 무늬文 즉, 인문을 제대로 알 수 없다. 이때 하늘의 무늬(천문天文)와 땅의 결(지리地理)을 바탕으로 인간사를 살피면 개인과 집단의 운명을 엿볼 수 있다는 것이 바로 사주와 풍수 논리이다.

하늘의 무늬(천문)를 바탕으로 하는 운명론에는 두 가지가 있다. 하나는 별점(점성)이고, 다른 하나는 사주이다. 그런데 별점과 사주는 서로 다른 발생 배경을 갖는다. 별점은 항해와 유목을 하는 종족들의 문화였다. 밤하늘의 별을 보고 그들이 가야 할 곳을 찾았기 때문이다. "별을 보고 점을 치는 페르샤 왕자"라는 노랫말도 별점의 흔적이다. 유목민 몽골족이 세운 원나라 때 별점이 유행했다. 원나라의 복속국 고려에서 별점이 유행한 것은 그 때문이었다.

반면 사주는 농경사회의 산물이다. 사주는 사람이 태어난 연월일시, 즉, 때(철)를 중시한다. 농경사회에서 중요한 것이 때이다. 그런데 때 역시 하늘의 별들에 의해 규정된다. 해와 달(음양陰陽), 그리고 지구土 및 이와 가까운 목성, 화성, 금성, 수성, 즉 오행土·木·火·金·水이 인간에 끼치는 영향은 아주 크다.

현대 사주 이론의 기본 틀이 완성된 것은 송나라 때(10~13세기)다. 이때 대학자 정자程子, 주자朱子에 의해 유학도 성리학으로 거듭났다. 성리학은 하늘天을 이理로 규정하고, 인간에게는 도덕성性으로 보았다. 하늘의 뜻을 받들기 위해 수양론의 궁극적 과제로 '천인합일天人合一'의 이념을 내놓았다. 성리학자들이 은근히 사주에 눈길을 준 것도 바로 때를 규정하는 천문 때문이었다. 유학과 농업을 위주로 한 왕조들에서 사주가 성행한 연유였다. 조선에서 사주가 명과학命課學 고시과목으로 추가된 이유이기도 하다.

점이 맞느냐 맞지 않느냐는 중요하지 않다. 그것은 일종의 도참圖讖이다. 이에 대해 이병도 박사는 이렇게 말한다. "대개 도참이라는 것은 우연히 사실과 부합할 적도 있지만 또 당대 혹은 후세의 영웅호걸을 자극하고 영향을 주어서 실제에 사실로서 나타날 적도 많다."(《고려시대의 연구》)

운명 앞에 오그라지는 입후보자들이여, 점집을 찾기보다는 스스로 주술을 거시라. "나는 이 땅을 위해 구현해야 할 시대정신Zeitgeist을 소명 받았다. 그러므로 천명이다"라고!

점에 관한 동양 최고의 경전이 《주역》이다. 《주역》의 핵심 주제는 '길흉은 그 사람의 행동거지에 상응할 뿐임을 말하고자 함'이다.

5

풍수,
근대사를 짚어보다

대통령 전후의 문재인 대통령 사저

대통령 출마 이전 문재인은 동지 노무현 대통령의 죽음을 보고 더 이상 정치에 뜻이 없는 듯했다. 그는 대통령이 되기 훨씬 전에 경남 양산 깊은 골짝으로 숨어들었다. 그런데 그곳에 살다가 국민의 부름을 받아 대통령이 되었다. 그가 말한 대로 '운명'이었다. 대통령이 되기 전 그가 숨어들어간 양산 사저는 어떤 곳이었을까? 필자는 그가 대통령에 당선된 직후 그 사저에 대해 한 일간지 칼럼에 기사화했다. 그 터에 대한 칭찬이었고, 퇴임 후에도 성공한 대통령이 되어 다시 이곳으로 왔으면 하는 풍수학인의 바람이었다. 다음 글은 당시 기사 내용 일부이다.

"모든 땅이 사람에게 영향을 주는 것은 아니다. 땅과 사람이 교감할 때 가능하다. 이런 전제에서 문 대통령에게 영향을 준 곳은 어디일까? 다름 아닌 경남 양산 사저이다. 대통령이 되기 훨씬 전에 직접 정한 곳이기에 대통령의 대지관을 파악하는 데 이보다 더 좋은 곳이 없다. 이곳 터를 어떻게 읽어야 할까?

양산 사저는 매곡마을에서 한참 더 산골로 올라가야 한다. 외길이며 자동차 하나 겨우 지나간다. 작은 내를 따라 1킬로미터 넘게 구불구불 가파르게 올라가면 사저가 나온다. 구곡심처九曲深處란 이를 두고 하는 말이다. 이 길 말고 다른 길은 없다. 또 앞만 빼꼼 트였지 삼면의 높은 산이 짓누른다. 주변 세력들이 나를 위압한다. 하지만 '산도 땅이 솟아서 된 것이니 겸허의 정신으로 나아가면 아름다운 마침이 있다君子有終'고 했다(《주역》).

도로와 집을 감싸는 주변 산들도 중요하나 더 중요한 것은 집을 받치고 있는 대지이다. 대지에서 눈에 띄는 것이 담장(축대)의 아름드리 바위들이다. 이끼가 짙다. 주변에도 큰 바위들이 보인다. 사저 100여 미터 후방에 통방사란 절이 있다. 오래된 절은 아니다. 본채인 '법화대전' 뒤쪽에 무덤이 하나 있다. 관리가 잘되어 있다. 무덤 뒤에 큰 바위 하나가 있다. 바위를 중심축으로 하여 묏자리가 잡혔다. 법화대전 앞마당 아래에 또 무덤이 있다. 단정하게 벌초한 무덤이다. 그 무덤 터를 거대한 암반이 받쳐주고 있다.

바위 아래 무덤이 있고, 무덤 아래 절이 있고, 절 아래 무덤이 있고, 무덤 아래 바위가 있고, 그 100여 미터 아래 대통령 사저가 있다. 바위가 사저를 받쳐주고 있다. 바위를 매개로 음택(무덤)과 절과 양택(집)이 동거한다. 무덤 터가 되기엔 무겁고 절이 자리하기에는 가볍고, 집터로서는 좀 비장하다. 구곡심처 숨어 들어간 곳에서 조우한 것이 바위였다. 청마 유치환이 노래한 "애련愛憐에 물들지 않고 / 희로喜怒에 움직이지 않고 / … / 흐르는 구름 / 머언 원뢰遠雷 / 꿈꾸어도 노래하지 않고 / … / 소리하지 않는 바위"였다.

그런데 풍수에서 바위는 양인지검兩刃之劒 즉, 양날의 칼로 해석한다. 사람을 죽이는 나쁜 돌도 있고, 사람을 살리는 좋은 바위도 있다. 바위는 권력의 기운을 주관한다. 대통령이 찾은 곳은 절처絶處였고 그곳에서 조우한 것이 바위였다. 그것은 그에게 권력 의지를 북돋워주었다. 이른바 절처봉생絶處逢生의 땅이다. 절처봉생은 절로 되지 않는다. '길인천상吉人天相'을 전제한다. 길인을 하늘이 도우니, 절처에서 다시 살아난다는 뜻이다. 대통령 사저에 대한 풍수 독법讀法이다."[49]

이곳에서 대통령이 되었으니 이보다 더 좋은 터가 있을까? 풍수 고전 《황제택경》은 "집안이 번창하면 집을 버리지 말라"[50]

49 〈김두규 교수의 國運風水〉, 조선일보, 2017년 10월 14일
50 宅乃漸昌, 勿棄宮堂.

문재인 대통령이 당선 직전 살았던 양산 매곡 사저, 풍수상 길지

고 신신당부한다. 당연, 필자는 문재인 대통령이 퇴임 후 이곳으로 다시 갈 것으로 추측했다. 그런데 2020년 뜻밖의 뉴스가 떴다. 이곳을 버리고 새 곳으로 사저를 신축한다는 내용이었다. 왜 그 좋은 곳을 버릴까? 필자는 새롭게 신축 사저 터로 결정된 곳을 다녀와서 한 일간지에 칼럼을 올렸다. 다음은 칼럼의 마지막 부분이다.

"최근 문재인 대통령의 퇴임 후 사저 예정지가 세상에 공개되었다. 대통령 당선 직전에 살았던 양산 매곡이 아니라, 양산시 하북면 지산리 313번지 일대이다. 지산리는 지산, 사리, 평산 마을 등으로 구성된다. 사저 예정지인 평산 마을은 지산마을의 우백호 역할을 하는 곳이다. 주변 산세가 아름답고 황장목 솔향이 그윽하다. 당나라 시인 유우석劉禹錫은 〈누추한 집에 새긴 글陋室銘〉에서 "산이 높지 않아도 신선이 살면 명당이요, 물이 깊지 않아도 용이 살면 신령스러운 땅山不在高, 有仙則名. 水不在深, 有龍則靈"이라 했다. 그러나 어느 정도 산과 물이 높고 깊어야 신선과 용이 사는 법이다. 기존 사저를 버리고 이곳을 택한 문 대통령의 대지관이 궁금하다."[51]

이곳으로 새롭게 사저를 정한 까닭에는 많은 이야기가 있다. 그러나 생략한다. 필자 역시 풍수로 할 말이 많으나 생략한다.

거듭되는 데자뷔? 신돈 → 성지스님 → 진령군 → 최순실?

2022년 3월 9일 대선을 앞두고 윤석열 대선 후보와 부인의 무속 관련 소문이 나돌았다. 언론들은 그들의 무속적 행위와 관련해 추측성 보도를 쏟아내었고, 기독교 목사와 신학자들은 "우리 민족 전통의 참된 '무속'은 존중하나 사이비 무속 행위는 근

---

51 〈김두규 교수의 國運風水〉, 조선일보, 2020년 6월 13일

절되어야 한다"는 성명서를 발표하기까지 했다.

150년 전, 명성황후는 당시 무속과 풍수에 깊이 빠졌다. 왜 그랬을까? 임오군란 때 명성황후가 충주로 피신하면서 알게 된 무당 '진령군'[52] 때문이라고 알려졌다. 그러나 그렇지 않다. 이미 왕비로 책봉된 그때부터였다. 한미한 가문의 그녀가 갑자기 왕후가 되었기에 제왕 교육을 받지 못한 상황이었다. 왕후가 되면서부터 열등의식과 혼란스러운 정세 때문에 극심한 스트레스와 불안에 시달렸다. 게다가 자식 복도 없었다. 오로지 의존했던 것은 민 씨 일가와 무속이었다. 무속에 빠졌음은 그녀의 편지와 그를 모셨던 신하 윤치호의 일기에서 드러난다. 진령군 이전에 그녀는 남정식이란 무속인에게 의존했다. 임금의 건강운이나 곁에 두어야 할 신하들의 운세 등을 물었다.

그녀의 몰락(그리고 조선의 몰락)은 풍수에서 이미 예견된 일이었다. 1866년 왕비가 되자마자 가장 먼저 한 것이 친정아버지 묘 이장이었다. 1858년 친정아버지 민치록이 죽었을 때 여주 선영에 안장되었다. 비록 몰락했지만 명문가 선영이라 지세가 좋았다. 그런데 어찌 된 일인지 제천, 이천, 광주로 이장을 거듭했다. 그리고 1894년에는 경기도를 떠나 멀리 서해안 바닷가 충남

---

52 1894년(고종 31년) 형조 참의를 지낸 지석영은 상소를 올려 진령군을 죽일 것을 주장했다. "신령의 힘을 빙자하여 임금을 현혹시키고 기도한다는 구실로 재물을 축내며 요직을 차지하고 농간을 부린 요사스러운 계집 진령군(眞靈君)에 대하여 온 세상 사람들이 그들의 살점을 씹어 먹으려고 합니다. … 빨리 상방검(尙方劍)으로 죄인을 주륙하고 머리를 도성문에 달아매도록 명한다면 민심이 비로소 상쾌하게 여길 것입니다." 그러나 고종은 말을 듣지 않았다. 조선의 몰락을 재촉했다. 1895년 을미사변으로 명성황후가 죽자, 영의정 김홍집은 진령군을 체포했으나 전 재산을 헌납하는 조건으로 풀어주었다.

보령으로 이장을 했다. 여주, 제천, 이천, 광주의 땅들이 나빴던 것은 아니었다. 왕비가 올바른 풍수관·인생관·국가관을 갖추기 못한 게 문제였다. 왕비의 정성이 부족했던지 저승에 계신 친정아버지의 '응답'이 없었다. 이장 다음 해인 1895년 그녀는 일본인에게 시해됐다.

이장을 거듭할수록 국고는 탕진되었고 백성들의 원한은 하늘에 뻗쳤다. 새로 무덤이 조성될 때마다 그곳에 살던 사람들은 전답을 빼앗기고 정든 고향에서 쫓겨났다. 왕후의 아들(훗날 순종황제)이 쓴 행록行錄에 이런 구절이 나온다. "좋은 묏자리를 보령에 정했을 때 경비가 너무 많이 드는데도 모두 자비로 했으며 백성들을 하나도 동원하지 않았다. 묘를 쓰는 지역 백성들의 집을 철거하는 것과 상여가 지나가는 길옆 농작물이 손상되는 것과 조각돌 하나, 흙 한 삽에 대해서도 넉넉히 값을 치렀다." 이 말을 곧이들을 자 있을까?

1990년대 중반 필자는 보령 현장을 답사했다. 그때 그곳 촌로들은 그들의 아버지와 할아버지가 당했던 고통과 원한을 생생하게 기억하고 있었다. 1894년 보령으로 이장한 뒤 다시 110년 후의 일이다. 2003년, 명성황후는 저승에서 친정아버지를 초장지初葬地로 되돌아가게 했다(여주 가남읍 안금2리 마을 뒤). 다섯 번 이장하고 여섯 번 장사를 치른 이른바 '오천육장五遷六葬'은 조선풍수사의 진기록이다.

명성황후는 무당과 풍수 때문에 망했다. 그녀만 망한 것이 아니라 조선의 몰락을 앞당겼다.

박근혜 전 대통령의 인생에 결정적 영향을 준 이는 최태민이었다. 그는 기독교, 불교, 무속, 단군교 등 여러 종교를 전전하다가 이를 바탕으로 새로운 종교를 만들었다. 사이비 종교의 전형이다. 대개 이러한 사이비 종교들이 흔히 악용하는 것이 풍수ㆍ관상ㆍ사주ㆍ조상신 등이다. 박근혜 전 대통령은 자신이 '사교'에 빠지지 않았다고 공언했다. 그런데 청와대의 박 전 대통령을 '조종'한 여인이 있었다. 바로 최태민의 딸 최순실(최서원으로 개명함)이었다. 이를 어떻게 설명해야 할까?

박 전 대통령이 대통령에 취임한 직후인 2013년 필자는 한 일간지 칼럼에 덕담을 썼다. 현재 문제가 되고 있는 청와대 터 흉지론을 염두에 두면서, 전혀 문제가 되지 않으며 여성 대통령으로 '신명 나는 큰 무당'으로 대한민국 국운을 융성시킬 수 있을 것이라고 했다. 아래는 당시 칼럼 전문이다.

"(청와대 터의) 화기가 나쁜 것인가? 꼭 그렇지만 않다. 단점이라면 목조건물에 쉽게 화재가 발발할 수 있고, 지나치게 건조하면 건강에 영향을 줄 수 있다. 그렇다고 옛날처럼 억지로 연못을 파거나 불을 제압할 수 있는 '부적'을 붙일 필요가 없다. 지금의 발달된 토목ㆍ건축기술과 의술이 이를 충분히 조절하고 해결할 수 있다. 반면에 화기가 가져다주는 장점도 적지 않다. 화기가 강한 터에 사는 사람들은 의욕과 성욕이 강해지고 기분이 고양되거나 말과 생각이 많아질 수 있다. 전 세계를 놀라게 한 붉은 악마들의 응원전·촛불집회·시청 앞에서의 '강남스타일'에 신명 나는 관객들 … 이들을 움직인 주류는 남성이 아닌 여성이었다. 이 모두가 북악산 화기의 폭발적 감응感應이다. 《주역》에서 불을 상징하는 괘는 이괘離卦이다. '이괘는 자연에서는 불을, 인문에서는 밝은 관계의 지혜를 상징한다. 또한 그것은 찬란한 문화를 의미한다'라고 김기현 교수(전북대, 퇴계학)는 풀이한다. 경복궁에 거처하면서 화기를 활용한 임금들은 국운을 흥하게 했는데 세종, 세조, 성종 등이 바로 그들이다.

단지 청와대 터뿐만 아니라 우리나라 산세가 전반적으로 그러하다. 금강산, 설악산, 삼각산, 팔공산, 계룡산, 모악산 등의 산봉우리들은 북악산처럼 화강암으로 양명陽明하면서도 '웅雄'하고 '장壯'하다. 산 높고 물 곱고山高水麗, 그 위를 비추는 아침 해는 선명하다明日鮮明. 이런 터에 큰 무당들이 몰려들고 큰 종교들이 자리를 잡은 것도 우연이 아니다. 큰 무당은 여성들이며, 이와 같은 터에 쉽게 감응하는 것은 문화 예술이다. 최근 세계적으로 주목을 받는 우리나라 인물들 가운데 문화, 예술, 체육계가 많은 것이 우연이 아니다. 한류韓流는 우리 국토가 갖는 화기가 환희용약歡喜踊躍하는 현상이다. 박대통령은 취임사에서 경제 부흥, 국민 행복, 문화 융성이란 세 가지 국정과제를 제시했다. 따지고 보면 경제부흥과 문화 융성은 '국민 행복'을 위한 수단이다. 그 가운데 무엇이 우선이어야 할까? 청와대 터는 문화 융성이 더 궁합과 맞는다. 괴테는 '영원히 여성적das Ewig-Weibliche인 것이 우리를 고양시킨다'고 했다. 물론 여성적인 것이 여성은 아니다. 그러나 이번 대통령은 여성이기에 그 여성성과 문화를 통해서 세계 대국을 만들 수 있다는 것이다."[53]

그러나 박근혜 전 대통령은 대한민국을 흥하게 하는 '큰 무당'이 되지 못하고 안타깝게도 최순실의 '주술'에 빠지고 말았다. 2016년 필자는 다시 다음과 같은 칼럼을 썼다.

"정말로 청와대 터는 나쁜 것일까? 애당초 좋은 땅 나쁜 땅은 없다. '전능한 성인도 없고, 완벽한 길지도 없다聖人無全能, 好地無全美'는 풍수 격언이 정언명령定言命令처럼 내려온다. 땅을 두고 '좋다, 나쁘다'라고 말하는 자는 하수下手이다. 땅의 성격地氣이 무엇인가를 살피는 자가 고수高手이다. 이 터의 특징은 무엇일까? 태종 이방원은 이곳이 도읍지가 될 수 없는 까닭으로 '험한 바위산과 명당수가 없는 것石山之險, 明堂水絶'을 들었다. 그렇다면 이 땅의 용도는 무엇일까? 신명神明을 내는 땅이다. 무당들이 큰 바위 밑에 촛불 켜고 기도하는 것도 같은

53 〈김두규 교수의 國運風水〉, 조선일보, 2013년 3월 9일

맥락이다. 크게는 집단적 신명에서 작게는 개인적 신명을 낼수 있는 곳이다. 노래와 춤으로써 신내림받아 기뻐 날뛰는 것이 신명이다. 무당의 굿판이 개인적 신명이라면, 세종, 세조, 성종 임금이 경복궁에 재위하면서 조선의 문화를 창달시켰던 것은 집단적 신명이다. 광화문 앞 100만 명 촛불의 거대한 흐름도 또한 집단적 신명이다.

박근혜 정부는 '문화 융성'을 국정 3대 지표 가운데 하나로 삼았다. 진정 국민을 위하는 마음에서 문화 융성을 꾀했다면 그녀는 세종, 세조, 성종처럼 국격을 높였을 것이다. 그러나 아쉽다, 그녀가 잡신雜神 최순실의 주술에 걸린 것이! 얼마 전 홍성담 화백이 그림 한 점을 필자에게 보내왔다. 최순실이 북악산 정상에 똥을 싸고 있는 그림이다. 얼마나 많이 먹었는지 항문이 빨갛게 탈장된 채 똥을 싸고 있다. 그 똥은 박근혜가 되었고, 청와대를 뒤덮고 있다. 국민들이 한숨을 쉬며 그 똥을 치우려고 삽을 들고 모여든다.

이 그림의 묘미는 무엇일까? 최순실이 오른손에 들고 있는 대나무 가지이다. 대나무는 접신의 도구로서 무당을 상징한다. 그림 북동쪽에 자리하고 있다. 북동쪽은 귀신이 들어오는 귀문鬼門이다. 풍수상 좋은 그림은 기가 드나드는 구멍氣口이 있어야 한다. 그래야 기운생동氣韻生動한 그림이 된다. 이 그림은 대나무 가지로 귀문鬼門과 기구氣口를 동시에 만들었다. 주술에 걸린 박 대통령과 이 터의 성격을 절묘하게 표현

홍성담 화가의 그림 〈청와대와 최순실〉

했다. 아쉽고도 화가 난다, 그 좋은 집단 신명의 터를 잡신의
신명터로 만들어버린 것이!"[54]

고려와 조선왕조에서 그러한 법사들은 많았다. 도선, 묘청,
김위제, 신돈, 보우, 이의신, 성지, 진령군 등도 크게 보면 풍수
설을 근거로 임금 집무실 이전을 주장했다. 풍수설과 도참설의
범벅이었다. 우리 민족의 고유 신앙 무속(샤머니즘)도 섞였다. 그

54 〈김두규 교수의 國運風水〉, 조선일보, 2016년 12월 10일

러한 '풍수·도참·무속의 윤리'를 정신과 의사로서 분석심리학의 대가 이부영 전 서울대 교수는 요구하며, '도덕적 무분별성과 잡합성'을 경계한다.[55] 2022년 대선 전에 보여준 '저질 무속 행태'들은 늘 있어왔다. 이 교수는 그러한 도덕적 무분별성을 질타한 것이다.

박근혜 전 대통령 집안의 풍수 이야기

구미 상모동 선영: '이금치사以金致死'의 땅

박근혜의 부친 박정희 대통령도 입지전적인 인물이었다. 박정희 전 대통령의 생가가 있는 구미시 상모동에는 조상 묘가 있는데 이곳은 예전부터 길지라고 소문이 났다. 이 자리는 박정희 전 대통령이나 그 아버지가 아니라 박정희보다 12살 많은 셋째 형 박상희가 젊은 시절에 잡은 자리였다. 박상희는 거인이 된 김종필 전 국무총리의 장인으로 더 잘 알려진 인물이다.

1905년 경북 칠곡군 약목면에서 태어난 박상희는 1920년대 말 선산청년동맹의 준비위원과 상무위원을 겸직하고, 1928년 집행위원직에 올랐다. 1927년 2월에 비타협적 민족주의자와 사회주의자들이 결성한 신간회에서는 간부로 활동하며 항일활동

---

55   이부영,《한국의 샤머니즘과 분석심리학》, 한길사, 2012

에 앞장섰다. 1935년에는 동아일보 구미지국장 겸 주재기자로
활동했다. 박정희는 띠동갑이었던 친형 박상희를 가장 잘 따랐
으며 존경했다. 박상희는 잦은 독립운동으로 일본 순사에게 끌
려가는 일이 많았고 이는 박정희가 군인이 되려고 결심한 계기
가 되었다.

일제강점기 때 동아일보 등 언론인으로 그리고 신간회 간부
로서 항일투쟁에 앞장섰기에 8·15 광복 이후 박상희의 영향력
은 대단했다. 1946년 10월 대구 항쟁 사건이 발생하자 박상희는
10월 3일 오전 9시에 2,000여 명의 군중의 선두에 서서 구미 경
찰서를 공격하고, 경찰관과 우익인사들을 감금했다. 이어 구미
면사무소와 선산군청을 공격해 식량 130여 가마니를 탈취하고,
관청 서류를 전량 소각했다. 그러나 그는 10월 6일 경찰이 발포
한 총을 맞고 사살되었다.

해방 이후 좌익으로 사살되었으나 해방 전에는 언론인으로
독립운동에 적극적으로 활동했음을 알 수 있다. 그런 그도 당
시 지식인들이 그러했듯 풍수에 깊은 관심을 가졌다. 현재 구미
시 상모동 금오산 자락에 자리한 박 전 대통령의 선영은 박상희
가 숙부들(박일빈, 박용빈)과 공동출자하여 구입한 것이라고 한다
(1990년대 구미 상모동 답사 당시 그 마을에 여든 넘은 노인들 및 박정희
생가보존 회장인 김재학 씨의 증언). 그렇게 잡은 자리가 풍수상 길
지였던 것이다.

박상희는 제왕지지를 꿈꾸었다. 그런데 그는 피살되었고 열

박정희 전 대통령 선영의 칼바위

두 살 어린 아우가 훗날 대통령이 되었다. 그런데 이러한 천하
의 대길지도 완전할 수 없다. 반드시 흠이 있기 마련이다. 이 터
의 흠은 바로 묘역 앞에 우뚝 솟아있는 큰 바위 및 여러 자잘한
바위들이다. 풍수 용어로 이것을 역룡逆龍이라고 부른다. 풍수사
김종철 선생(작고함)은 이를 보고 현장에서 "이러한 역룡은 자손
이 하극상을 일으키며 명당 기운이 다하면 쇠붙이金로 인한 죽음
즉, 이금치사以金致死하게 한다"고 단언했다. "박근혜 전 대통령 역

시 이곳 선영의 명당기운을 받았으나 동시에 역룡逆龍의 기운에서 자유롭지 못하다"고 풍수사들은 말한다(앞 페이지 아래 사진은 1990년대 박 대통령 선영 앞의 많은 칼 바위들을 찍은 사진이다. 10여 년 전에 다시 갔을 때는 많은 칼 바위들이 사라졌고 하나의 바위만 남겨졌다. 아마도 풍수사들의 말들이 많다 보니 문중에서 없앤 듯하다).

박정희 전 대통령 부부 묘역의 냉혈론冷穴論

동작동 국립묘지에 안장된 박근혜 전 대통령 부모의 묘에 대해서는 "물이 차서 그로 인한 수재水災의 재앙을 피할 길이 없다"고 주장하는 풍수사들이 많다. 실제 박정희 대통령 부부 묘는 광중에 물이 차서 묘 옆으로 배수시설을 해놓았다. 잔디가 잘 자라지 않아 해마다 교체하는 것도 그 까닭이다(20년 전 답사 당시 그곳 관리인의 증언이다). 더 문제가 되는 것은 이곳이 '시신이 썩지 않는 냉혈冷穴의 땅'이란 오래된 소문이다. 박근혜가 대통령이 되기 전 많은 사람들이 간접적으로 이장을 권유하거나 냉혈의 재앙을 막기 위해 액막이를 했다는 소문도 돌았다. 그런데 박근혜가 대통령이 되자 이 냉혈 소문은 슬그머니 사라졌다가 그녀가 탄핵을 당하자 다시 그 이야기가 불거졌다.

어떻게 대통령의 묘가 물이 차는 곳에 자리잡았다는 말인가? 한때 '육관도사'로 유명세를 치렀던 손석우 씨는 1994년 '김일성 사망 예언'과 이 땅에 대해 다음과 같이 평했다.

"여기 이 자리는 음양의 교구交媾가 안 되는 자리이고 냉혈입니다. 냉혈이니 시신이 썩지 않고, 음양교구가 안 되니 자손이 끊어집니다. 딸이라도 시집을 가서 살 수가 없게 됩니다."

그가 1993년 출간한 《터》에서 이를 언급한 뒤로 30년이 흘렀다. 아들 박지만이 장가를 가서 자녀를 낳았고, 딸 박근령도 재혼을 했다. 박근혜 전 대통령만 결혼을 하지 않았으니 손석우 씨의 예언이 적중했다고 보기는 어렵지만, 틀렸다고도 할 수 없다. 그렇다면 왜 이런 냉혈 논쟁이 나왔을까?

사건은 이로부터 다시 50년을 거슬러 올라간다. 즉, 1974년 박정희 전 대통령 부인 육영수 여사가 광복절 기념식장에서 피격되었을 때의 일이다. 예기치 못한 일이라 당황한 청와대 실무자들이 장지 선정에 술사들의 자문을 받았다.

청와대는 서로 라이벌이었던 지창룡, 손석우 두 사람을 불렀다. 지창룡은 이론에 능한 반면 손석우는 자신의 자서전에서 인정한 대로 이론보다는 직관에 능했다.

이론 풍수와 직관의 풍수!

역사상 풍수사들 가운데 많이 보는 사례이다. 광해군 때의 풍수 승려 성지는 글을 몰랐으나 직관을 강조했고, 이의신은 풍수 이론에 밝았다. 고려 공민왕 때 임금의 집무실을 옮길 것을 주장한 라이벌 스님 보우와 신돈 역시 마찬가지였다. 보우 스님은 신돈을 사승邪僧이라 비난했다. 신돈이 무식했기 때문이다. 이론이

기초되지 않고 직관만 강조하는 풍수는 매우 위험하다. 말로가 모두 안 좋았다.

해방 이후 두 사람의 풍수 즉, 지창룡과 손석우도 그러한 경우이다. 이론과 직관을 강조하다 보니 서로 의견 합치가 될 수 없는 상황이다. 풍수를 다면평가로 결론 낼 수 없다. 전통 명문가들이 그렇게 해왔듯 클라이언트(고객) 스스로가 풍수 전반을 정확히 이해하고 스스로 터를 잡은 다음 풍수술사들의 의견을 참작하는 것이 옳다. 이는 마치 정원을 만들거나 건물을 지을 때 고객이 원하는 것을 분명하게 말해주면 정원사나 건축가가 고객의 의도를 실현시켜 주는 것과 같은 구조이다. 그런데 당시 청와대 관계자들(그리고 지금의 일부 고객들)은 이 점을 간과했다. 무조건 많은 풍수사들을 동원하면 좋을 것이라고 판단한 것이다.

손석우가 육영수 여사를 위한 장지 선정 현장에 도착했을 때는 지창룡이 먼저 와 육 여사 자리를 이곳으로 정해놓은 뒤였다. 청와대 관계자가 손석우에게 의견을 묻자 심사가 틀렸던지 그는 "시신이 썩지 않는 냉혈"라고 답했다. 이에 대해 라이벌 지창룡은 어떤 반응을 보였을까? 그는 묘역 조성에 관여를 하긴 했으나 자신이 직접 잡은 자리는 아니라고 변명했다.

"당시 육 여사가 저격을 당했을 때 고향 집에 가 있었다. 한밤중에 청와대에서 전화가 와 육 여사 유택을 봐달라고 했다. 다음날 현장을 갔더니 묘지 관리소장 이주호 씨가 안내를 했다. 나를 기다리다 지쳐 최풍수와 남풍수 두 사람이 자리를 잡고 광중 작업을 하고 있었다. 물론 청와대 관계자는 내가 자리를 잡은 것으로 박 대통령에 보고를 했다고 했다. 할 수 없이 현장 작업을 내가 지휘하고 육 여사를 안장했다. 그리고 나중에 박 대통령이 시해를 당했을 때는 무덤 뒤 약한 용세(내룡)가 마음에 걸려 수백 트럭의 흙을 날라다가 비보를 했다."

지창룡도 이곳의 내룡이 약한 것은 인정했다. 그러니 수백 트럭 분량의 흙으로 내룡을 만든 것이다. 즉, 그곳에 내룡 자체가 없음을 반증한 셈이다. 풍수 원칙의 가장 첫 번째가 용(지맥)과 혈(광중 자리)이다.[56] 용(지맥·내룡)이 없으면 혈도 없는 법이니 자리가 좋을 수 없다. 그런데 지창룡이 언급한 최풍수와 남풍수는 누구일까? 대통령 영부인의 자리를 소점한 것은 풍수술사에게는 영광이자 그보다 더 좋은 자기 홍보가 없을 텐데 지금까지 최풍수와 남풍수는 세상에 나타나지 않았다. 훗날 박정희 전 대통령 부부의 묘에 물이 차는 일이 벌어지고 최풍수와 남풍수가 지창룡이라는 소문이 돌면서 지창룡이 마음고생을 많이 한 듯하다. 1960년대부터 1980년대를 풍미했던 두 명의 풍수사 지창룡과 손석우는 이미 고인이 되었다.

---

56 龍穴爲主.

그런데 박근혜 전 대통령은 왜 최순실의 주술에 빠졌을까? 청와대 터 탓이었을까, 아니면 현충원에 영면한 부모 묘의 냉지 탓이었을까?

풍수를 초월하고자 했던 노무현 전 대통령

노무현 전 대통령 시기의 풍수 이야기도 빼놓을 수 없다. 2022년 초, 어느 월간지의 취재 청탁 건으로, 그해 12월 있을 대선 유력 후보자들의 선영과 생가를 답사한 일이 있었다. 잠룡들의 고향과 생가는 어떻게든 수소문할 수 있으나 선영을 찾기란 쉽지 않은 일이다. 보통은 고향 뒷산에 있다 정도의 작은 단서만으로 무작정 찾아 나서지만, 이는 성공 확률이 매우 적다. 잠룡들의 친척이나 최측근의 제보가 없는 한 정확한 답사가 불가능하다. 한데 노무현 당시 민주당 상임고문만은 취재 요청에 적극적인 답변을 보내왔다. 고향에 가서 아무개를 만나면 안내해줄 것이라는 답변이었다. 그렇게 진영읍 봉하 마을에 도착하였고, 이때 마중 나온 이들이 노무현 전 대통령 형인 노건평 씨와 노 전 대통령의 친구인 이재우 당시 진영조합장이었다. 그들과 선영은 물론 생가와 봉화산 정상까지 샅샅이 둘러보았다. 답사 후 멀리서 왔으니 점심을 먹고 가라고 했다. 당시에는 그것이 인연의 전부인가 했다.

노무현 전 대통령의 생가 터

노 전 대통령은 재임 당시, 퇴임 후 거취에 대해 밝힌 적이 있는데, "퇴임 후 임대주택에 살다가 귀촌하겠다"라고 말한 것이다. 이 메시지에 가장 민첩하게 반응한 곳이 현재 LH로 통합된 '주택공사'로, 한행수 당시 주택공사 사장은 노무현 전 대통령의 부산상고 선배이기도 했다. 퇴임 후에는 기존의 임대주택에 입주하는 것이 아닌 기존의 주택공사 소유의 땅 위에 새로 임대주택을 지어 입주해야 하는 상황이었다. 그리고 판교, 청계산, 수유리, 연희동, 일산 다섯 곳이 임대주택 부지로 후보에 올랐다.

필자는 마침 주택공사에 풍수 강연을 했던 인연으로 위 후보지에 대한 자문을 맡게 되었고 땅을 본 후 의견을 보내었다. 그런데 무슨 일인지 대통령이 퇴임 후 바로 귀향하겠다는 보도가 나왔다. 귀향 후, 사저를 짓고 싶었던 곳은 다름 아닌 생가 터였다. 하지만 당시 생가는 남의 소유였고 집주인은 팔 생각이 없었다. 다른 수로 생가 뒤 단감나무 밭을 사저 부지로 계획하기로 했다.

2006년 6월 어느 날, 필자는 이곳으로 현장 답사를 나섰다. 청와대 관계자 십여 명과 건축가 정기용 선생과 함께였다. 총괄 책임은 정상문 총무비서관으로, 답사에 나선 이들은 사저 예정지에서 각자 의견 개진을 하였다. 필자는 다음과 같이 의견을 전했다.

"1. 고총古塚과 가시덤불이 우거진 곳이라서 양택으로서 좀 부적합하다.
2. 봉화산 쪽 바위가 지나치게 강하다.
3. 사저 예정지 바로 옆(봉화산 부엉이바위 쪽)으로 냇물이 흐르는데 그쪽으로 골바람이 분다. 그쪽은 북동쪽으로 풍수에서는 황천살黃泉煞이라 하여 꺼린다."

"이곳은 경호상에도 문제가 있습니다." 필자의 말을 듣던 경호실 담당자가 말을 보탰다. "권양숙 여사님께서도 '여기가 왠지 무섭다'고 하셨어요." 다른 행정관도 거들었다. 그럼 어디가 좋겠냐고 총무비서관이 대안을 묻자, 일행은 마을 입구(진영읍 방향) 산자락 부근을 지목했다. 사저 예정지에서 내려와 생가와 마

196

을을 지난 곳이었다. 지목한 곳은 마을 입구인 데다 기존 주택들과 간격이 멀어 경호가 좋고 진입도 용이했다. 또한 좌청룡이 되는 봉화산이 편안하게 감싸주는 한편 들판 건너 앞산(안산)인 '뱀산'이 유정하게 마주하는 모양새였다.

이날 다른 일행이 먼저 자리를 뜨고 건축가 정기용 선생과 행정관 한 명이 남았다. 건축가 정기용 선생과는 그날 처음 대면한 사이였고, 점심 제안을 하기에 택시를 타고 근처 횟집으로 향했다. 정기용 선생은 프랑스 유학파로 국제적 감각을 소유한 실력파였다. 다소 수척한 얼굴이었지만 소주 한잔을 나누며 필자의 이야기를 더 듣고 싶어 했다. 다음날 청와대에서 대통령께 사저 건축 보고를 할 때 필자의 이야기를 보태고자 했던 터였다. 그는 풍수와 건축과의 관계에 깊은 관심을 보였다. 점심을 마치고는 앞으로 가끔 찾아뵙겠다고 인사하고 헤어졌다. 그때 동행했던 행정관에게도 풍수적 의견을 전해주었다. 행정관은 자문받을 것이 앞으로도 많겠다며 돌아섰다. 며칠 후, 대통령의 형 노건평 씨로부터 전화가 걸려왔다. 대통령의 뜻인 즉, "봉화산 바위가 보이는 곳에 거실과 안방이 있는 곳에 사저를 짓기를 원한다"며, 원래 계획대로 생가 뒤밖에 대안이 없겠다고 말하였다. 이 부분에 있어 노 전 대통령의 주관이 뚜렷했다.

경호책임자가 경호의 어려움이 있다는 의견도, 권양숙 여사(영부인)가 무서움증이 든다는 말도 듣지 않았다. 자기 철학을 끝까지 극대화하여 관철하고자 한 점, 대지와의 화해보다 대지를 극복하고 자기화自己化하려 한 부분에 필자는 존경을 표한다. 인연은 거기까지였다.

풍수로 성공한 유일한 대통령, 김대중

노벨평화상을 수상한 김대중 전 대통령의 풍수 신봉은 이례적이다. 1995년 당시 국민회의 총재인 김 전 대통령은 부모님 묘를 전남 하의도 선영에서 경기도 용인시 이동면 묘동으로 옮겼다. 그 자리는 천선하강天仙下降(신선이 하강하는 형상)의 명당으로 "남북통일을 완수할 영도자가 날 자리"라고 한 월간지에서 보도했다. 안영배 기자의 기사이다(안영배 기자는 이후 대학원에서 풍수로 석박사를 취득하고 풍수 관련 기사를 지금도 왕성하게 소속사인 동아일보에 쓰고 있다). 그 내용은 대강 이렇다.

"지관 손석우는 최근 들어 김대중 국민회의 총재의 용인군 이동면 묘동에 묏자리를 잡아준 것으로 밝혀졌다. 김대중 총재의 용인 묘역은 천선하강의 명당으로 대통령이 나올 자리라고 했다. 손 씨는 시사 주간지 뉴스플러스와의 인터뷰에서 95년도 초 지인이 찾아와서 '남북통일을 완수할 영도자가 날 자리를 찾아달라'고 부탁하는 바람에 그 주인공이 김대중 총재임을 알고 용인의 묏자리를 잡아주었다고 밝혔다. 김대중 당시 국민회의 총재이나 당시 이장에 관여한 지관 서로가 절대 비밀 사항으로 한 것인데 어떤 까닭에서인지 지관 손석우가 1996년 5월 김대중 총재와 용인 묘역에서 함께 서 있는 장면을 찍은 사진을 기자에게 공개함으로 용인 묘역의 위치가 세상에 알려졌다."

선영 이장이 전부가 아니었다. 동교동 자택에서는 절대 대통령에 당선될 수 없다는 측근의 권유로 일산 정발산 아래로 이사를 감행했다. 그리고 김대중은 그곳에서 대통령에 당선되었다 (김대중 대통령은 퇴임 후 다시 동교동 사저로 복귀했다).

선영 이장 일 년 후에 대통령 선거가 예정되었기에 이 기사는 당시 많은 사람들에게 회자되었다. 극성스러운 사람들은 용인의 김대중 선영과 일산 정발산 아래 김대중 사저까지 찾아가기도 했다. 예언은 적중했다.

이장하고 이사한 지 얼마 만에 대통령에 당선되었다. 20세기 말 한국 풍수지리 붐을 조성하는 데 최대 기여자는 김대중 전 대통령이다. 과학의 발달과 더불어 풍수지리를 반신반의하던 사람이나, 풍수를 맹신했던 사람들조차도 눈앞에 벌어진 엄청난 사건에 아연할 수밖에 없었다.

문제는 김 전 대통령 사후에 벌어진 자식 간의 분쟁이다. 2009년 김 전 대통령이 작고했다. 용인 선영에 만들어 놓은 신후지지身後之地나 대전 현충원에 조성된 대통령 묘역으로 가지 않고 동작동 현충원에 안장되었다.

왜일까? 용인 선영이나 대전 현충원보다 참배하기가 쉬워서 그랬을 것이다. 그러나 그보다는 풍수적 이유가 더 컸다. 그리고 그것은 풍수상 큰 실수였다.

흔히 동작동 국립현충원을 이승만 전 대통령의 명으로 1950년대 초에 터 잡기가 이루어진 곳이라고 알려져 있으나 이는 틀렸다. 창빈안씨昌嬪安氏가 본래 주인이다. 창빈은 선조 임금의 할머니이다.

1549년 10월 창빈안씨가 세상을 뜨자 아들 덕흥군은 경기도 장흥에 안장했다. 그런데 그곳이 풍수상 좋지 않다고 해서 1년 만에 이곳으로 이장을 했다. 과천의 작은 마을이었던지라 안장된 지 1년이면 육탈이 거의 되지 않는 상황이었다. 그럼에도 길지를 찾아 과감하게 이장을 했다. 지금은 이장하는 일이 어렵지 않지만, 그 당시의 이장 작업은 다시 장례를 치르는 것과 같았다. 풍수에 대한 믿음이 밑바탕됐기 때문에 가능한 일이었다. 많은 재물과 시간이 소요되는 것이기에 웬만한 가문에서는 상상할 수 없는 일이다. 상주 입장에서 새로 옮기게 될 터가 분명 명당인가에 대한 확신이 전제돼야 한다.

명당발복을 이루고자 한다면 풍수행위와 풍수신앙 두 가지가 충족되어야 한다고 독일인 신학자 에른스트 아이델이 말했음을 앞에서 소개했다. 풍수상 길지를 찾아 그곳에 터를 잡는 것이 풍수행위이며, 그렇게 했을 때 집안과 후손에게 좋은 일이 일

어날 것이라는 확고히 믿는 게 풍수신앙이다. 창빈의 아들 덕
홍군은 풍수행위와 풍수신앙을 동시에 했다. 이장한 지 3년 만
인 1552년 하성군(선조)이 태어났다. 그리고 1567년에 임금이
되었다. 길지를 찾아 이장을 한 풍수행위가 있은 지 15년 만이
었다. 하성군이 임금이 되자 "할머니 묘 명당발복 덕분에 임금이
되었다"는 소문이 퍼졌다. 사대문안 사대부들뿐만 아니라 전국
의 호사가들이 이곳을 찾았다. 이로 인해 조선반도에 '풍수붐'이
불었다.

김대중 전 대통령 묘는 바로 창빈안씨 묘역의 일부를 침탈하여
조성되었다. 창빈안씨 묘가 길지임을 알고 바짝 붙여 쓴 것이다.

조선조 헌법서인 《경국대전》은 묘의 경계에 대해 품계에 따
른 규정을 두고 있다. 목축이나 타인이 부근에 묘를 쓰지 못하게
하는 규정이다. 지나간 왕조의 법이기는 하지만 지금도 남의 터
에 함부로 집을 지어선 안 된다. 그런데 김대중 묘역이 그와 같
은 금도를 범한 것이다. 일종의 범장犯葬으로 조선왕조에서는 처
벌 대상이었다.

김 전 대통령 부인 이희호 여사가 작고하자마자 형제간에 분
쟁이 일어 소송으로 이어졌다. 노벨평화상을 수상한 대통령의
아들로서 부끄러운 일이다. 이 사건을 두고 풍수에 조예가 깊은
조한규 전 세계일보 사장은 '범장'의 후환이라고 단언했다.

풍수행위에 지켜야 할 윤리가 있다. 그것을 범한 것이다. 풍
수 고전 《금낭경》은 이를 두고 "장사 지냄에 있어서 법은 화를

입거나 복을 받는 것이 하루를 넘기기도 전에 나타난다"[57]고 표현한다.

김대중 전 대통령은 분명 풍수행위와 풍수신앙을 실천했다. 이후 이회창, 김덕룡, 이인제, 정동영, 한화갑 대선 후보들의 선영 이장 붐이 불었다. 그 하나하나를 여기에 소개하진 않겠다. 그들은 이장을 하고도 대권을 잡지 못했다.

명당발복을 위한 두 가지 조건을 에른스트 아이텔은 풍수행위와 풍수신앙이라고 했음은 앞에서 언급했다. 이들은 풍수행위 즉, 선영 이장은 했으나 풍수신앙이 약했다. 마치 명성황후가 친정아버지 묏자리에 대한 확신이 없어서 이리저리 다섯 번이나 옮긴 것과 같았다. 언급한 대선 후보 몇몇은 이장하기를 반복하는 어리석음을 범했으나 여기서는 소개하지 않는다.

여담으로, 20대 대선에 당선된 윤석열 대통령의 선영과 풍수는 어떤 관계가 있을까? 크게 풍수를 의식한 것 같지 않다. 10여 년 전에 충남 공주와 전북 완주에 산재된 선영들을 관리의 어려움 때문에 공원묘지로 이장하여 합장한 자리이다. 윤 대통령 선영은 세종시 장군면 대전공원 D지구 1열에 자리한다. 유학자로서 김제 학성강당에서 유학을 강의하는 김종회 전 국회의원은 이곳을 삼수부동격三獸不動格이라고 평했다.

---

57   葬山之法, 禍福不旋日.

"선영을 둘러싸고 있는 현무, 청룡, 백호가 상당히 좋다는 것입니다. 이들의 높이, 거리가 선영과 균형을 맞추고 있습니다. 이 세 가지가 좋으면 주변이 넉넉합니다. 자신의 부족한 기운을 보완할 '주변'이 좋다는 뜻이기도 하지요."[58]

대전공원묘에서 가장 전망이 좋은 자리임은 분명하지만, 풍수설을 의식하고 잡은 자리는 아니다.

사후 더 존경을 받는 이승만 전 대통령 묘와 풍수

후손이 없으면 아무리 위인이라 하더라도 잊힌다. 독재자로 쫓겨난 대통령이라면 더더욱 그렇다. 이승만 전 대통령은 독재로 인해 하와이로 쫓겨났다. 보수 진영이 그를 국부로 추앙하는 것은 당연하지만, 일부 진보 진영 학자조차도 최근에 그를 '국부'라고 부르고 참배를 했다. 국론 통합에 나쁘지 않다고 생각한다.

사후 좋은 길지에 안장되면서 재임 시의 독재는 망각되고 좋은 업적만 부각되고 있다. 명당발복의 한 유형이다.

이 전 대통령 묘는 창빈안씨 묘역 우측 작은 능선 끝에 자리한다. 그 반대쪽 즉, 좌측 10여 미터에 김대중 전 대통령이 안장되어 있다. 이승만과 김대중 전 대통령 묘역은 창빈안씨 묘역을 보호해주는 역할을 하고 있다.

이 전 대통령 묘는 풍수상 어떤 곳일까?

누가 잡았을까? 앞에서 소개한 지창룡이었다. 그는 또 다른 풍수사 손석우와 더불어 1960년대부터 1980년대까지 풍수술사로서 제일 뛰어났다. 학계에는 1960년대에 이미 연세대 철학과 배종호 교수가 풍수와 사주에 깊은 조예가 있어 풍수학과 풍수술의 통합을 꾀하는 모임을 주도하기도 했고, 한국철학사에 풍수를 당당히 편입시키려는 노력을 하고 있었다. 배종호 교수는 6 · 25 전쟁 당시 남원의 이종구 씨에게 풍수술을 전수받았다. 배종호 교수는 강단철학자이면서 동시에 진정한 풍수학인이었다. 풍수에 능한 데다가 풍수설을 믿어 조상 묘를 지리산 길지에 안장하였다. 또한 배 교수가 작고하자 그 자녀들이 선친의 뜻을 존중하여 경기도 고양시 지축동 어느 산에 안장하였다. 필자는 배 교수의 아들 배선영 교수(연세대)의 안내로 그곳을 참배한 적이 있었다. 풍수에서 말하는 길지의 조건을 모두 갖추었다. 아이텔이 말한 풍수신앙과 풍수행위를 실천한 현장이었다. 이어서 1980년대 최창조 교수가 풍수학 바람을 일으켰으나 묘지 풍수에 침묵하여 풍수술사들과 인연이 닿지 못했다. 그러한 중간 지대를 지창룡과 손석우가 풍수 시장을 양분하던 상황이었다.

하와이로 떠난 지 몇 년 후인 1965년의 일이다. 이승만 전 대통령이 위독했다. 국가에서 그의 장지 문제로 논의가 벌어졌다. 논의는 현충원 '국군묘지'로 결론이 났으나 그곳이 국군묘지라 게 문제였다. 아무리 대통령이라 해도 군인이 아닌 이상 묻힐 수 없는 곳이었다. 박정희 당시 대통령은 국군묘지를 국립묘지로 바꾸는 법안을 올려 국회 승인을 얻었다. 군인들뿐만 아니라 대통령과 국가유공자들도 그곳에 안장될 수 있었던 것은 이때부터 였다(1965년 3월). 법안 통과 후 지창룡이 소점 의뢰를 받아 1965년 3월 현재의 자리로 정했다. 그해 7월 이승만 전 대통령이 죽자 고국으로 운구되어 그곳에 안장됐다. 아래 글은 그 자리에 대한 지창룡의 생전 평이다.

"한강물을 눈앞에 굽어보는 양지바른 언덕에 자리 잡았다. 국립묘지의 많은 묘역 가운데서 가장 빼어난 명당이랄 수 있는 자리이다. 영구음수형靈龜飲水形으로 목마른 거북이 한강물을 바라보고 내려가는 길지였다."

지창룡의 평가는 대체로 적절하다. '양지바른 언덕'은 혈장이 형성되었음을 말한다. 그렇다고 '국립묘지 가운데 가장 빼어난 명당'은 아니다. 앞에서 소개한 대로 창빈안씨 묘역이 그 핵심이고, 이승만 전 대통령 묘역이 다음으로 좋은 자리이다. 당시 박정희 대통령의 이승만을 위한 조사弔辭를 보아도 이승만 전 대통령의 묏자리는 허투루 잡지 않았음을 보여준다.

205

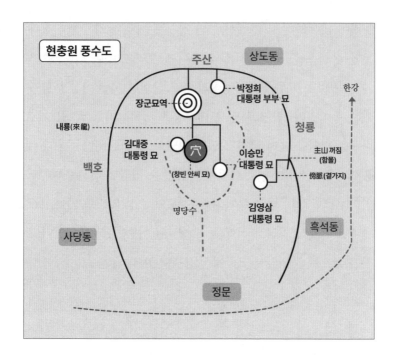

현충원 풍수도

주산 / 상도동
박정희 대통령 부부 묘
장군묘역
내룡(來龍)
청룡
한강
백호
김대중 대통령 묘
穴
이승만 대통령 묘
主山 꺼짐 (함몰)
(창빈 안씨 묘)
傍脈(곁가지)
명당수
김영삼 대통령 묘
사당동
흑석동
정문

"그리고 또 박사에 대한 영원한 경의로 그 유택을 국립묘지에서도 가장 길지를 택하여 유해를 안장해드리고자 합니다."

전직 대통령이 좋은 자리에 안장됨은 국가와 국민을 위해 좋은 일이다.

'봉황이 알을 낳은 자리'에 안장된 김영삼 전 대통령

김영삼 전 대통령 사후 원칙대로라면 대전 현충원 대통령 묘역에 안장되어야 맞다. 그것은 김대중 전 대통령도 마찬가지다. 김대중 전 대통령이 동작동 현충원에 안장되자 라이벌 김영삼 전 대통령도 동작동 현충원에 안장됐다. 이 과정에서 김영삼 전 대통령의 측근으로서 국민의힘의 주요 중진들이 동작동 현충원에 안장되도록 힘을 썼다.

김영삼 전 대통령 묘역 입구 산기슭에 눈에 띄는 것들은 몇 자씩 되는 큰 바위들이다. 거무튀튀한 바위들이 산 능선 끝자락 이곳저곳 나무 사이로 박혀 있다.

김영삼 전 대통령 안장식 때 광중에서 바위가 나왔다. 그것이 "봉황의 알로서 이른바 봉황포란형국"이라고 해당 풍수사가 발언한 것이 뉴스거리가 되었다. 이곳을 봉황에 비유한 지는 꽤 오래됐다. 지명 '동작銅雀'을 채용해 술사들이 형국론으로 봉황이라고 표현한 것이다. 동작은 본디 삼국시대 조조曹操가 업鄴의 북서쪽에 누대樓臺를 짓고 그 위를 '구리로 만든 봉황'으로 장식한 데에서 유래한다. 견강부회이다. 이곳 동작의 본래 지명은 '동재기'이다. 이곳 강변 일대에 구릿빛이 나는, 혹은 검은색돌黑石들이 많이 분포되어 있다는 데서 유래한다. 후세 사람들이 동작이란 한자로 바꾸어버린 것이다. 토질이 '구릿빛이 나는 돌'이 많았음은 동작동 옆의 지역 명칭이 흑석동인 것에서도 알 수 있다.

이곳 옛 지명이 '검은돌마을'이었다. 따라서 봉황을 운운하는 것은 풍수술사들의 말장난일 뿐이다. 구릿빛 돌(동작)이나 검은 돌(흑석) 지명은 이곳에 돌이 많았다는 뜻으로 곧, 험하다는 뜻이다.

풍수에서 돌의 의미는 무엇인가? 양날의 칼이다. 살도殺刀가 될 수도 있고 아도衙刀가 될 수도 있다. 조선조 지관 선발 필수서인《금낭경》은 "기는 흙을 의지하여 다니므로, 돌산에 장사 지내서는 안 된다"[59]고 했다. 청나라 때 이 책을《사고전서四庫全書》에 수록하면서 당시 학자들은 다음과 같이 주석을 달았다.

> "높은 언덕의 땅 치고 어찌 돌이 없겠는가? 이른바 산세란 뼈대를 근본으로 하는데, 그 뼈가 바로 돌인 것이다. 돌산이 뻗어 가는데, 어찌 돌이 있어서 안 될 것인가? 다만, 땅기운이 맺힌 곳은 마땅히 돌이 있어서는 안 된다는 것이다."[60]

산에 돌이 있는 것은 당연하다. 다만 광중에 돌이 있어서는 안 된다는 뜻이다. 그러한 이유로 조선조 지관 선발 고시 과목인 명산론은 "흙은 살이 되고, 돌은 뼈가 되고, 물은 피가 되고, 나무는 모발이 된다"고 했다. 하여 돌줄(석맥)이 나타나면 매우 귀한 것으로 여긴다. 명산론은 돌줄石脈이 서로 번갈아 이어지는

---

59 石山不可葬也.
60 惟融結之處不宜有石耳.

곳, 징검다리 돌이 물을 가로지르는 곳, 기이한 돌이 모여 있는 곳 등이 기가 모인 곳이라 했다. 물론 이 돌은 원래부터 박힌 돌이어야 하고 지표면에 심하게 드러나서도 안 되며, 깨지거나 금이 가서도 안 된다. 또 돌줄이 있다 하더라도 좌우로 균형을 이루어야 하며, 그 생김새가 둥글거나 반듯해야 한다. 비록 볼품없이 생겼다 할지라도 그들이 이어져 형성되는 전체 모습이 아름다우면 이 또한 귀한 것으로 여긴다. 이 책도 광중의 돌을 경계한다.

산수화 이론서인 《임천고치》는 다음과 같이 말한다. "바위란 천지의 뼈에 해당한다. 뼈는 단단하고 깊이 묻히어 얕게 드러나지 않는 것을 귀히 여긴다." 책의 그림에서조차 바위는 함부로 드러나지 않아야 함을 이야기한다.

길지가 봉황포란형이 되려면 주변에 오동나무와 대나무 그리고 단샘(예천醴泉)을 상징하거나 관련된 지세가 있어야 한다. '봉황은 오동나무가 아니면 깃들지 아니하고, 대나무 열매가 아니면 먹지 아니하고, 단샘이 아니면 마시지 않는다.'[61] 따라서 봉황포란형이 되기 위해선 이 세 가지 조건이 갖춰져야 한다. 그밖에 김 전 대통령의 무덤의 경우, 주산이 함몰된 것과 좌청룡이 감싸주지 못해 아쉬움이 많다. 그렇다면 김 전 대통령은 풍수설을 믿지 않고, 단지 상도동에 거주했고 후손과 후배들이 참배했다는

---

61   非梧桐不□, 非竹實不食, 非醴泉不飮.

이유로 이곳에 안장된 것일까? 아니다. 김 전 대통령은 생전에 풍수를 직접 이용하려 했다고 한다.

결론적으로 역대 대통령들과 그 후손들이 풍수를 믿어 동작동 현충원에 안장되기를 원했으나 이곳의 원주인 창빈안씨와 이승만 전 대통령을 제외하고는 모두 혈이 아닌 곳에 안장된 것이다. 길지에 안장이 되어야 그들의 사후 명예가 더 높아진다. 그를 지지했던 사람들뿐만 아니라 반대세력까지도—이승만 전 대통령의 경우처럼—그를 품어 안으며, 비로소 국론이 통합된다. 국론 통합은 나라의 행운이다.

사후 전직 대통령들의 묘역 풍수는 어떻게 하는 게 좋을까? 그리고 그것이 대한민국 국운 융성에 기여할까?

첫째, 대전 현충원에 가면 국가원수 묘역이 있다. 그중 최규하 전 대통령만이 현재 그곳에 안장되었다. 아늑한 땅이다. 동작동 현충원이 포화상태인 만큼 국립대전현충원으로 가야 한다.

둘째, 풍수상 길지를 원한다면 그들의 고향과 선영만큼 좋은 땅이 없다. 대통령을 배출한 곳이기 때문이다. 윤보선 전 대통령은 풍수상 길지로 알려진 선영에, 노무현 전 대통령은 고향에 안장됐다. 고향과 선영에 안장된다면 그곳은 새로운 명소로 재탄생할 것이다. 대통령들을 위한 묘지 풍수 대안이다. 미국의 경우역대 대통령은 사후 자기 고향이나 인연을 맺은 곳에 안장된다. 그곳은 많은 사람들이 찾는 관광명소가 된다. 우리나라는 노무현 전 대통령 경우가 대표적인 사례가 될 수 있다. 봉하 마을은 이제 참배를 통한 관광명소가 되었다. 지역분권화가 절로 된다.

셋째, 현재 현충원의 묘역 공간 배치를 전면적으로 재구성하는 것도 방법이다. 대통령, 애국열사, 장군, 일반사병 등 생전의 신분과 지위에 따라 묘역의 넓이와 위치 그리고 화장과 매장 등을 달리하는 것을 일원화한다. 채명신 장군이 사병 곁에 안장된 것도 좋은 사례다. 봉분의 양식도 대통령과 장군 그리고 사병마다 다르다. 이것 또한 좀 더 깔끔하게 일원화해서 디자인해야 한다. 국립현충원 묘역의 전면 재배치는 국론 통일에 결정적 기여할 것이며, 나아가 진정한 국운 통합과 국운 향상을 가져올 것이다.

풍수로 집안을 일으킨 초대 대법원장 가인

대통령 집무실은 시대정신에 부합하는 곳이어야 한다. 대통령이 국가와 국민의 운명에 끼치는 영향이 크기 때문이다. 그러한 의미에서 풍수상 길지에 대통령 집무실이 자리해야 하고, 대통령 사후 그들의 묘지 역시 길지여야 한다. 국론 통일에 관계가 있기 때문이다.

해방 이후 우리 정치 지도자들의 풍수관은 김대중 전 대통령만 빼고는 매우 수동적이었다. 풍수와 무속과 관계가 깊다고 소문난 윤석열 대통령의 경우는 아직까지 그 내막이 알려진 바 없다. 다만 단 하루라도 '불길한 청와대 터'에서 집무를 보지 않고,

용산 땅으로 가겠다고 하는 것을 볼 때 풍수와 관련이 있지 않을까 추측한다. 앞서 계속 얘기했듯이 에른스트 아이텔은 말했다. 풍수신앙과 풍수행위, 이 둘이 전제된다면 가능하다는 것을.

해방 이후 지도자 가운데 풍수상 더 큰 일을 할 수 있었을 터인데 때가 맞지 않아 대통령이 되지 못한 위인이 있다. 불운의 주인공은 가인 김병로 초대 대법원장과 그 손자 김종인 박사이다. 가인은 집안은 풍수를 통해 가운을 반전시켰다. 스스로 풍수를 배워 집안을 부활시켰을 뿐만 아니라 그 후손들이 지금 대한민국의 중추적 역할을 하는 사례이다.

가인의 생가는 전북 순창군 복흥이다. 흔히 복흥을 "순창에서 70리, 담양에서 70리, 정읍에서 70리, 신태인에서 70리" 혹은 장성, 담양, 순창 '삼방三方의 중심'이라고 옛날 풍수들은 말했다. 도선국사의 비결《옥룡자유세비록玉龍子遊世祕錄》은 전라도 고을 86곳을 89쪽에 걸쳐 소개하고 있는데, 이 가운데 순창이 9쪽을 차지할 정도이다. 순창 중에서도 복흥에 혈穴(길지)이 24개 맺혔다는 말이 전해진다.

가인에게는 풍수가 필요한 절박한 사정이 있었다. 가인의 아버지도 외아들, 가인도 외아들이어서 삼촌이나 사촌이 없는 집안이었다. 일곱 살 때 할아버지와 아버지를 연달아 여읜 그는 소년 가장이 되었다. 열두 살 때는 할머니까지 여의었다. 절손의 위기를 맞은 상황이었지만, 거듭된 비운을 반전시키고자 가인은 풍수 공부를 하여 경지에 올랐다.

"나(김병로) 역시 산서(풍수서)를 신뢰하여 소위 명당설에 끌렸을 뿐만 아니라, 나 자신이 산서를 많이 읽은 탓에 명안明眼으로 자칭할 정도였다."[62]

가인이 자칭한 '명안'이란 심경명통心鏡明通 즉, 마음의 거울이 맑아 저절로 땅을 직관하는 단계를 말한다. 조상 묘를 이장한 뒤 가인은 '모든 산서와 간산看山에 필요한 기구 등을 폐장閉藏'하고 풍수와 인연을 끊었다.

그렇지만 그가 소점한 자리(가인의 선영)는 지금도 순창과 담양 곳곳에 남아 있다. 가인이 모신 부모 묘는 복흥면 산정리, 할머니 묘는 복흥면 상송리, 할아버지 묘는 전남 담양군 금성면 금성리 등에 분산되어 있다. 이 가운데 가인의 부모 묘를 유기상 박사는 봉황포란의 길지로 꼽았다. 상송리에 있는 할머니 묘는 두 용이 여의주를 두고 다투는 이룡쟁주二龍爭珠의 길지라고 전해진다.

'명안'을 자칭했던 가인 자신의 묘지는 어떨까? 가인 묘는 강북구 수유동 산 86-1에 자리한다. 근처가 시내버스 종점이기에 찾아가기 쉽다. 터를 잡는(보는) 기본 원칙은 "용龍과 혈穴을 위주로 하고, 사砂와 수水를 그다음으로 하라"[63]는 문장으로 집약된다. 용은 산줄기(산 능선), 혈은 무덤 자리, 사는 주변 산들(청룡·백호),

62 김학준, 《가인 김병로 평전》, 민음사, 2001
63 龍穴爲主, 砂水次之.

수는 명당 안을 흐르는 물을 말한다. 저 멀리 웅장한 북한산 한 줄기龍가 바위 줄기石脈로 묘지 뒤까지 뻗어와 자리 하나穴를 만들고, 묘지 앞은 커다란 바위가 땅기운의 누설을 막아준다. 묘지 가까이 좌우 산砂들이 유정하게 감싸고, 묘지 앞에는 맑은 개울 물水이 흐른다. 부드러운 산세의 순창, 담양 선영과 달리 이곳은 강하다.

산 능선이 바위 줄기(석맥)로 이어져 급하게 내려오는 것을 용맹스러운 호랑이猛虎로 이미지화한다. 무덤 앞 큰 바위는 호랑이 이빨이다. 그 앞에 골짝 물澗이 있다. 용맹스러운 호랑이가 개울을 뛰어넘는 이른바 맹호도간형猛虎跳澗形이다. 태평천국의 난을 진압하여 청나라 수명을 연장시킨 학자 출신 정치가 증국번曾國藩의 조상 증보신曾輔臣 묘 역시 맹호도간형이다.

가인 후손 가운데 가장 유명한 인물이 손자 김종인 박사이다. 독일 뮌스터대학에서 경제학 박사학위를 취득했다. 학자 출신 관료나 정치인들은 수없이 많았다. 장관, 국회의원, 총리 등으로 진출하기도 했으나 대부분 전문가 또는 대독총리 역할을 하는 것이 전부였다. 그러나 김종인 박사는 달랐다.

귀국 후 서강대 교수로 재직 중 부가가치세 실시 문제로 박정희 정부와 인연을 맺은 후 근로자재형저축, 사회의료보험도입 도입에 공헌했다. 이후 전두환, 노태우, 박근혜, 문재인 전 대통령의 경제정책에 관여했다. 김대중, 노무현 전 대통령에게도 당선 직전까지 자문에 응했다. 보수와 진보를 넘나들며 경제정책가로 활동했고, 비례대표로 다섯 번 국회의원을 지냈다. 특히 헌법 119조 2항의 '경제민주화' 조항을 신설하여 관철한 주역이다. 박근혜, 문재인 두 대통령을 당선시킨 킹메이커이자, 박근혜 탄핵 이후 비대위원장으로 국민의힘을 소생시켰다. 윤석열 대통령은 선거 전 그를 총괄선대위원장으로 모셨으나 얼마 후 해촉하는 해프닝을 벌이기도 했다.

김 박사는 김대중 전 대통령에 필적하는 정치력 소유자란 평을 듣는다. 정치가들 가운데 가장 강력한 선영을 가졌음에도 권력의지가 약했던 걸까? 그에게 대권 기회가 주어지지 않음이 이상하다.

김 박사는 2022년 1월 《왜 대통령은 실패하는가?》라는 저서를 출간했다. 대통령제에서는 그 어떤 대통령도 실패할 운명일 수밖에 없는 구조적 문제를 지적한다. 그는 대통령들에게 비스마르크에 귀 기울일 것을 조언한다.

"신의 발걸음 소리에 귀를 기울이고 있다가 그가 지나갈 적에 기회를 놓치지 않고 외투자락을 잡아채는 것이 정치인의 책무이다."

그 자신이 '신의 외투자락'을 잡아채지 못했던 것은 아닐까? 필자는 여전히 김종인 위원장의 미래 역할을 주목한다. 순창과 담양 그리고 서울 수유리에 있는 선영의 명당발복 잠재력이 막

강하기 때문이다. 윤석열 대통령이 선거 직전 총괄위원장을 해촉하는 모욕을 주었으나, 그가 다시 한번 대한민국 정치에서 역할을 할 것이라는 확신이 든다. 분열된 대한민국 국민 통합에 도움이 될 것으로 본다.

과학의 발달과 미신은 동반자

새로운 '미신의 시대'이다. 새롭지 않다. 역사에서 늘 있었다. 이미 고대 철학자들은 그 본질을 간파하고 있었다. 과학의 발달과 미신(신비주의)은 비례해왔다.

"만물의 근원은 수數"라고 파악한 피타고라스는 과학과 미신을 동시에 실천한 철학자였다. 수학은 피타고라스와 더불어 시작한다. 동시에 그는 미신(신비주의) 신봉자였다. 그는 기적을 행하고 마법의 권능을 지닌 신비한 인물로 추앙되었다. 작금에 주변에서 볼 수 있는 천박한 신비주의는 아니었다. 일종의 지적 신비주의intellectual mysticism였다.

피타고라스는 무심코 바닥에 깔린 대리석에 새겨진 무늬를 보다가 '피타고라스 정리'를 발견한다. 그는 이 정리를 발견하고 "이것은 오로지 신의 도움으로 가능했다"라고 기뻐하여 황소

100마리를 잡아 신에게 공물로 바쳤다. 황소가 무슨 죄인가? 그만큼 미신적이었다. 피타고라스는 제자들과 종교 교단을 만들어 공동체 생활을 했다. 요즘 사이비 종교 교단들이 공동체 생활을 하는 것과 다를 바 없었다. 피타고라스가 만든 교단의 계율 일부를 소개하면 다음과 같다.

"콩을 먹지 말라.
떨어뜨린 물건을 줍지 말라.
흰 수 닭을 건드리지 말라,
큰길로 다니지 말라.
불빛 옆에서 거울을 보지 말라"
(버트런드 러셀,《서양철학사》)

얼마나 황당하고 어처구니없는 계율인가? 소가죽을 벗겨 제사를 지내는 것도 정상인으로서 할 짓이 못 된다. 그러나 그러한 미신적 행위는 계속된다. 사회주의 중국도 풍수라는 미신에 어쩔 수 없었다.

K-컬처와 무속?

2022년 3월 대선 특징 하나가 무속 논란이었다. 무속은 흔히 샤머니즘이라고도 한다. 무속은 우리 민족 시원부터 함께한다. 제정祭政 일치의 단군에서 '祭'가 바로 무속의 시작이기 때문이다.

민간신앙이다. 민간신앙은 옛날부터 전해오는 민간의 모든 신앙 형태를 말한다. "한국의 경우 가장 중심이 되는 것은 무속신앙" 이라고 분석심리학의 대가인 이부영 전 서울대 교수는 정의한 바 있다. 무속은 흔히 '샤머니즘'이란 국제어로 통용된다. 이 교수는 "모든 한국인의 성격 밑바닥에는 샤머니즘이 있다"며, "한국에서 샤머니즘은 사람들에게 깊게 영향을 끼치는 구체적 현상이다. 그리고 그 현상에 나타난 심리학적 상징은 문화와 종족을 넘어 전 인류의 심성에 관계한다"고 정의한다.[64]

한국인의 샤머니즘 특징을 엑스터시로의 회구, 신과 인간관계의 특성, 조상과의 유대, 미래에 대한 불안과 점복심리, 도덕적 무분별성 등으로 이 교수는 꼽는다. 이러한 무속은 삼국시대로부터 복서卜筮 · 예언 · 신탁 · 요병療病의 기능을 발휘해왔고 때로는 부족의 지도자로, 때로는 왕권의 보조자로 큰 세력을 누려왔다. 여기에 이 교수는 '무당을 중심으로 하는 주술종교체계와 점복 신앙, 풍수지리 신앙'을 열거하여 풍수도 무속과 관계 짓는다.

분명 풍수도 무속적 요소가 있다. 풍수가 '장풍득수'의 줄임 말임을 앞에서 소개했고, 그것을 '산 풍수 · 물 풍수'란 우리 용어로 바꾸었다. 현대 용어로 풍수를 다시 정의하자면, 터를 잡고

---

64 이부영, 《한국의 샤머니즘과 분석심리학》, 한길사, 2012

卜地, 건물을 짓고(營之), 거주(집무)하고(居之), 그렇게 했을 때 그 행위 결과가 길한가 흉한가를 점치는 행위(占之)가 포함되기 때문이다. 서양에서도 비슷한 관념은 있다. 독일 철학자 하이데거(Heidegger)의 〈BAUEN WOHNEN DENKEN〉이란 논문은 동양의 풍수관과 흡사하다. 하이데거는 대지에 대한 깊은 관심을 가졌기에 동양의 풍수관과 친화성을 가질 수밖에 없다.

〈BAUEN WOHNEN DENKEN〉이란 논문 제목을 번역하면 〈집을 짓고 거기에 살아보고 사유하는 것〉이다. 세 행위가 별개의 것이 아니라 하나이며, 그것이 순차적이 아니라 동시적으로 발생한다.

풍수 정의에서 '점치다(占之)'가 하이데거 경우엔 '사유하다(Denken)'와 같은 것으로 해석할 수 있다. 점치다와 사유하다가 지나치게 주관적으로 흐를 때 그것은 자칫 미신적 무속이 될 수 있다.

새 정부가 공약했던 광화문 집무를 포기하고 갑자기 용산행을 택한 이유는 무엇일까? 풍수상 설명이 부분적으로 가능하다. 누군가가 점지(占之)했을 것이라는 의구심이 든다. 무속인지 풍수인지 혼란스럽다. 이부영 교수는 무속과 관련하여 중요한 지적을 한다. 바로 윤리성 문제이다.

"윤리적으로 문제가 될 수 있는 것은 무신(무속) 성격이다. 다시 말해 무신이 도덕적인가 하는 문제와 무당이 무신을 빙자하여 자기 욕구를 채우는지 아니면 진실로 빙의되어 말하

220

는지는 무당의 성실성 여부에서 판가름된다."

무속이라는 현상에 내재하는 '진정한 윤리성의 인식과 통찰'
을 강조한다. 무속은 '신명神命'을 전제한다. 신명 나면 무아지경
이 된다. 신바람(흥)이다. K팝, K드라마가 전 세계에서 인기를
얻는 것은 사람들에게 내재된 그 '신명'을 자극하기 때문이다.
무속이 전제하는 신내림이 신명이다. 최근 홍대 앞에 외국인들
이 사주 보러 많이 온다. 통역을 둘 정도이다. 그만큼 한국의 전
통문화에 관심이 많다는 뜻이다. 동서양을 막론하고 미래에 대
한 궁금증은 다 있다. 우리의 지식이나 고등종교도 운명의 문제
를 모두 해결해주지 못한다. 사주, 풍수, 무속이 갖는 점복적 성
격이 개개인의 미래에 대해 구체적, 개별적으로 이야기해줄 수
있다.

그러한 무속 현상이 2022년에 다시 뉴스거리가 되는 것에 대
해서는 본격적 학술 논의가 필요하다. 심리학, 사회학, 종교학,
역사학 등 다양한 전문가들의 토론이 필요하다(물론 동양사상사학
회에서 한국인의 본질은 '무속'으로 규정했음은 앞에서 소개했다).

청와대 터와 용산 모두 '삼각산'의 후손이다

청와대 터나 용산 터 모두 삼각산을 종산宗山으로 한다. 같은
후예이다. 차이가 있다면 청와대 터는 산 풍수요, 용산은 물 풍
수라는 차이가 있을 뿐이다. 산도 필요하고 물도 필요하다. 산과

물을 만들어주는 삼각산이 대한민국 주산이다. 삼각산의 큰 정기를 염두에 두고 시작해야 한다.

"가노라 삼각산아 다시 보자 한강수야 …" 청나라로 끌려가던 김상헌이 읊었던 시조다. 백운대·인수봉·만경대로 구성된 삼각산은 조선의 상징이었다. 흔히 백두산을 한민족의 진산眞山으로 보지만 그렇지 않다. 세종 시대 이전까지는 여진족의 땅이었고, 이후로도 여진족과 청나라가 더 성스럽게 여기는 그들의 진산이었다. 지금은 북한의 진산일 뿐이다.

지금 우리의 실질적 진산은 어디일까? 조선 후기 실학자 신경준은 백두산보다 삼각산을 더 중시하여 "첫째가 삼각산, 둘째가 백두산"이라고 했다. 삼각산은 조선 건국 직후 "나라를 보호해주는 신(호국백護國伯)"이란 작위와 제사를 받았다. 조선왕조가 삼각산을 얼마나 중시했는가는 그 경계 표시에서 잘 나타난다. 대부분의 행정구역은 산 능선이나 물의 한가운데 이쪽저쪽으로 경계 짓는다. 그런데 삼각산은 이러한 원칙에 따르지 않고 만경대, 백운대, 인수봉을 중심에 넣고 주변의 작은 산과 천을 포함했다. 그들로 하여금 삼각산을 호위케 함이었다. 1861년 김정호가 그린 〈청구전도〉에는 삼각산이 마치 사람 머리처럼 표시된다.

왜 조선은 삼각산을 그렇게 중시했을까? "인수, 백운, 만경세 봉우리가 깎아 세운 듯 우뚝 솟은 모양이 세 뿔과 같다"는 삼각산은 "용이 서리고 범이 웅크리고 있는(용반호거龍盤虎踞) 형세"라고 했다(《신증동국여지승람》). "용반호거의 땅에서 제왕이 나온다 (제왕지지帝王之地)"고 촉나라 승상으로 풍수에 능했던 제갈량은 말했다. 쪼개진 바위가 아니라 거대한 암괴 그 자체다. 바위는 강력한 권력의 기운을 준다.

삼각산은 맑고 밝아 멀리까지 그 양명한 기운을 발산한다. 화산華山(화려한 산)이란 이름이 붙은 이유다. 바위로만 된 산이다 보니 수기水氣가 부족한 반면 화기火氣가 강하다. 불꽃처럼 위로 치솟는 산이다. 불은 타오르면서 세상을 밝고 따뜻하게 해준다. 《주역》에서 불을 문화·문명으로 상징하는 이유다. 세계를 휩쓰는 K컬처가 서울을 중심으로 떨쳐 일어난 것도 삼각산 정기 덕분이다. 지금 우리에게 삼각산이 더 중요한 이유다. 삼각산 정기로 새 정부가 세제제국으로 나아가길 기원한다. 청와대 터나 용산보다 삼각산을 더 중시해야 하는 까닭이다. '삼각산학三角山學'이 나와야 한다.

새 정부가 대통령 집무실을 두고자 하는 용산은 넓고 넓다. 어디가 진혈처인가? 그 진혈처를 찾아들어야 한다. 진혈처의 존재론적 의미에 대해서 최명희 작가는 자기 소설 《혼불》에서 말한다.

"한 사람의 인생에도 역시 혈이 있을 것인즉, 그 혈을 찾고 다루는 일이, 정신에 그리 한 것이나 다름이 없다.
제 인생의 맥 속에서 참다운 혈을 못 찾은 사람은 헛되이 한 평생 헤맬 것이요, 엉뚱한 곳에 집착한 사람은, 헛살았다 할 것이다.

사람마다 제 인생의 결혈結穴을 찾는 간절함이, 채금採金하려는 자가 광혈鑛穴을 찾아 산천을 누비고 다니는 것만큼 절실하다면, 비록 폐광廢鑛에 이르렀다 하다라도, 그 노정路程이 결코 헛된 것만은 아니리라. 하물며 제 혈을 제대로 찾은 경우에도 오직 혼신의 힘을 다하여 채굴을 해야 할 것이다. 그것은 꼭 알맞은 정자를 짓는 일이나 같다. 즉 그것이 인생의 경영이니라.

만일에 정신이나 인생에 그 혈이 무엇인지. 어디에 있는지, 어떻게 활용해야 하는지를, 아무것도 모르고, 설혹 안다 해도 못 찾고, 또 찾았대도 그 자리를 그냥 방치하여 비워 둔 채 쓸모없이 버려둔다면, 이는 제정신이나 제 인생을 눈먼 문둥이로 만드는 것과 무엇이 다르겠느냐. 아니, 눈 먼 문둥이는 그대로 논의 시늉이나 있지. 아예 민두름한 살덩어리에 구녁도 뚫리지 않은 얼굴 형상을 생각해보아라. 불구가 아니냐. 어찌 참혹다 하지 않으리."

왕의 집무실을 옮기고자 했던 개혁 군주와 풍수

이왕 용산으로 대통령 집무실을 이전할 바에야 5년의 집무실이 아닌 이후 대한민국 대통령의 영원한 집무실이 되게 해야 한다. 용산의 진혈처를 찾아 세계에 내놓을 '대통령궁'을 만들어야 한다. 건축, 조경, 경관에서 품격 있으며, 집무실, 경호실, 비서실, 관저가 유기적으로 작동되는 대통령궁이 되어야 한다. 물 풍수에 용산과 한강이라는 천혜의 조건이 이미 주어졌다.

우리 역사에서 왕이 산에서 물가로 가고자 시도하지 않은 것은 아니었다. 고려의 개혁 군주 공민왕도 국운을 위해 천도론을 오래 궁리했다. 그는 풍수 신봉자였다. 풍수와 사주를 신봉한 조선 광해군도 개혁 군주였다. 임금의 집무실을 파주 교하로 옮기려 하다가 반대에 부딪히자, 북악산을 버리고 인왕산으로 가고자 했다. 산에서 산으로 간 것이 잘못이다. 그리고 실각당했다. 실패 원인을 여기서는 논하지 않는다. 풍수학 밖의 일이다.

새 정부는 북악산을 버리고 용산으로 가고자 한다. 일찍이 고려와 조선 풍수학인들은 一漢二河三江四海론을 펼쳤다. 용산을 맞이하는 한강漢江은 이 가운데 둘, 漢과 江을 겸비하고 있다. 좋은 기회이다. 조선 풍수 전통은 도선국사로부터 시작한다. 도선 풍수 목적은 '삼한통일三韓統一'이었다. 그 풍수 전통은 불교와 풍수를 국교로 채택한 고려에서 '비보진압풍수裨補鎭壓風水'로 나타난다. 땅마다 달라지는 지기와 권력의 강약을 파악하고, 강한 것을 누르고 약한 것을 북돋우는 억강부약抑強扶弱론이다. 윤 대통령이 내세우는 '국민통합과 상생 그리고 여야협치'도 같은 맥락이다. 대통령 집무실 용산 이전은 고려, 조선, 대한민국 역사에서 큰 사건이다.

터가 불길하여 대통령의 말로가 안 좋았다는 말이 더 이상 나오지 않길 바란다. 대통령이 불행했다면 그것은 개인의 불행

이지 국가의 불행은 아니었다. 그들은 본래 '역사의 하수인'이
었다.

"이성Vernunft은 자신의 자유의지를 역사 속에서 실현시키기
위해, 자기 자신을 공물로 삼지 않고 정열과 야망을 지닌 개
인을 활용한다."(헤겔)

그들은 때가 되면 용도 폐기된다. 역사가 진보하는 과정 속에
서 겪어야 할 지도자 운명이다. 한 나라 지도자가 되려는 정열을
가진 이들이라면 받아들여야 할 운명이다. 스스로 역사의 하수
인이 되어야 한다.

기생 팔자라 무시당하던 '도화살' 팔자가 각광받는 이유

종로 '인사동 거리'에 점집이 늘고 있다. 건물에 입주한 '점
집'뿐만 아니라 노점상(텐트형) 점집도 흔하게 본다. 철학원·철
학관·역술원·사주카페·작명원 등의 간판들도 모두 같은 업종
이다. 점치는 세대도 20~30대 젊은 층으로 확산하고 있다. 기
껏 연애운이나 점치던 과거 청춘 남녀들과 달리 요즘은 주식과
부동산 관련 '재물운'과 취업 관련 '관운'에 복채를 지불한다.

본디 사주술은 시대 문제를 해결하기 위한 하나의 '담론'
이었다. 서기 1600년 전후의 한 단면이다. 1596년 중국에
서 이시진의 《본초강목》이 출간된다. 6년 후인 1602년 왕긍당

의 《증치준승》이라는 방대한 의학 서적이 나온다. 11년 후인 1613년 조선에서도 허준의 《동의보감》이 나왔다. 같은 시기다. 모두 의약 서적인데, 서로 영향을 받지 않고 독자적으로 출간된다. 무엇을 뜻하는가? 당시 중국과 조선의 의약 수준이 비약적으로 발달했음을 의미한다. 의약의 발달은 이전에 못 고칠 병도 고칠 수 있게 했다. 죽을 팔자가 살 팔자가 되었음을 의미한다.

바로 그즈음인 1597년 《명리정종》이란 책이 중국에서 출간된다. 의약 서적이 아닌 사주 서적이다. 이 책은 지금도 역술인들의 필독서가 되고 있다. 《명리정종》의 저자 장남張楠은 강서성 임천현에서 대대로 벼슬을 한집안 출신이었다. 당연히 그도 과거에 응시했다. 그러나 거듭하는 낙방으로 관계 진출을 포기하고 사주·의술·풍수 쪽으로 관심을 돌렸다. 넉넉한 재산 덕분으로 그는 '명리정종'이란 고전을 후세에 남긴다. 사주발달사에 획을 긋는 책이다.

그는 '병약설病藥說'이란 새로운 사주 이론을 제시했다. 이전에 없던 이론이었다. '병약설'에 대한 장남의 설명이다. "어떤 것을 병이라 이르는가? 사주팔자 가운데 해를 끼치는 것을 말한다. 어떤 것을 약이라 하는가? 팔자 가운데 해를 끼치는 것을 제거하는 것을 말한다…. 사주팔자 속에 있는 병을 제거할 때 재물·벼슬·행운이 함께 따른다."

장남이 '병약설'을 제시한 것은 당대 의약 발달이라는 새로운

서울 종로구 인사동 거리에 점집들이 늘고 있다. 재물운이나 관운을 점치려는 20~30대에게도 인기다.

변화를 수용할 수밖에 없었기 때문이다. 기존의 사주술로는 고객의 사주팔자를 제대로 풀이할 수 없었다. 사주·풍수술도 동시대의 문제를 분석·해결하려는 '시대 대응 논리'임을 보여주는 대목이다. "철학이란 동시대 문제를 사상으로 파악하는 것이다"라고 한 헤겔의 말이 떠오른다. '병약설'이라는 새로운 사주 이론을 내놓은 장남은 그러한 의미에서 진정한 철학자(인문학자)였다.

그로부터 400년이 흘렀다. 세상이 많이 변했다. 의약의 발달과 풍요로운 의식주 덕분에 "인생 오십!"이 인생 백세!"가 되었다. 치안의 발달로 비명횡사나 객사도 줄었다. "기생 팔자!"라고 무시당한 홍염살·도화살 팔자가 더 각광을 받는다. 인기

연예인 사주이기 때문이다. 인간 사회뿐만 아니라 산천의 토양과 수목, 그리고 농작물도 그 성분이나 크기가 달라졌다. 화학비료·농약·환경오염·기후변화 때문이다. 더불어 400년 전 동의보감이 말하는 약초의 약성도 바뀌었다. 사람의 체질도 바뀌었다. 그럼에도 여전히 '동의보감에 말하기를~' 운운하고, 철학원(점집) 철학자(점치는 사람)들도 '명리정종에 적혀있기를~' 운운한다.

사주를 포함한 운명예측술이 이 시대 젊은이들에게 의미가 있으려면, 그사이에 발달된 의학·과학이 반영되어야 한다. 변화된 체질과 윤리 및 가치관이 반영되어야 하며, 교통·통신의 발달로 인한 '순간이동'이 또한 반영되어야 한다. 조선 왕조에서는 서운관 산하에 명과학命課學을 두어 1차 시험(6개 과목), 2차 시험(13개 과목)을 통해 전문가를 선발했다. 국학國學 차원에서 '한국적 사주'에 대한 진지한 연구가 필요하다.

참고문헌

사료 및 풍수 고전

《고려사》

《조선왕조실록》

《신증동국여지승람》

《홍재전서》

《탁옥부》

《청오경》

《감룡경》

《명산론》

《지리신법》

《장서》

《청오경》

《지리정종》

《황제택경》

《양택십서》

《발미론》

〈장설〉

《作庭記》

《林泉高致

〈論風水疎〉

〈산릉의장〉

단행본

김기현, 《선비》, 민음사, 2009

김기현, 《주역 상·하》, 민음사, 2016

김두규, 《조선풍수학인의 생애와 논쟁》, 궁리출판사, 2000

김두규, 《권력과 풍수》, 장락출판사, 2002

김두규, 《풍수학사전》, 비봉출판사, 2006

김두규, 《풍수강의》, 비봉출판사, 2007

김두규, 《국운풍수》, 해냄출판사, 2016

김두규, 《조선풍수, 일본을 논하다》, 드림넷, 2011

김두규, 《사주의 탄생》, 홀리데이북스, 2017

김두규, 《권력과 풍수》, 홀리데이북스, 2021

김두규, 조선일보 〈김두규 교수의 國運風水〉 연재 칼럼(2011~2022)

김상엽, 《소치 허련》, 돌베게, 2008

김용옥, 《도올, 시진핑을 말한다》, 통나무, 2016

김종인, 《영원한 권력은 없다》, 시공사, 2020

김종인, 《왜 대통령은 실패하는가》, 21세기북스, 2022

김지하, 《생명학》, 화남, 2003

김학준, 《가인 김병로 평전》, 민음사, 2001

남상희, 《공간과 시간을 통해 본 도시와 생애사 연구》, 한울아카데미, 2011

C. Noberg-Schulz, 《장소의 혼》, 민경호 외 옮김, 태림문화사, 1996

도미나가 유주루, 《르코르뷔지에·자연, 기하학 그리고 인간》, 김인산 역, 르네상스, 2005

동기창(董其昌), 《화안》, 변영섭 역, 시공사, 2012

딩시위안(丁義元), 《예술풍수》, 이화진 역, 일빛, 2010

버트런드 러셀, 《서양철학사》, 서상복 역, 을유문화사, 2020

마오쩌둥, 《모택동 선집1》, 김승일 역, 범우사, 2001

무라야마지준(村山智順),《조선의 풍수》, 최길성 역, 민음사, 1990

박영준,《해군의 탄생과 근대일본》, 그물, 2014

사회과학원 역사연구소,《조선통사》, 오월, 1998

사회과학출판사,《력사사전 2》, 1971

손석우,《터》, 답게, 1993

손세일,《이승만과 김구(1·2·3권)》, 조선뉴스프레스, 2015

송규빈,《風泉遺響》, 국방부천사편찬위원회, 1990

신채호,《조선상고사》, 비봉출판사, 2006

안광복,《지리 시간에 철학하기》, 웅진주니어, 2010

윤명철,《해양역사상과 항구도시들》, 학연문화사, 2012

윤명철,《역사는 진보하는가》, 학연문화사, 2013

윤명철,《고조선문명권과 해륙활동》, 지식산업사, 2018

이병도,《고려시대의 연구》, 아세아문화사, 1979

이부영, 한국의 샤머니즘과 분석심리학, 한길사, 2012

이종원,《한 권으로 보는 마천루 건축의 역사》, 성균관대출판부, 2015

이중환,《택리지》, 이익성 역, 을유문화사, 2002

이한우,《고려사로 고려를 읽다》, 21세기북스, 2012

장성규·김혜정(역),《풍수경전》, 문예원, 2010

장언원(외),《중국화론선집》, 김기주 역, 미술문화, 2012

제프 말파스,《장소와 경험》, 김지혜 역, 에코리브르, 2014

지창룡,《하늘이여 땅이여 사람들이여》, 자유문학사, 1998

천촨시(陳傳席),《중국산수화사 1~2》, 김병식 역, 심포니, 2014

최명희,《혼불》, 한길사, 1996

채성우,《명산론》, 김두규 역, 비봉출판사, 2002

도널드 트럼프,《트럼프의 부자되는 법》, 이무열 역, 김영사, 2004

Ernst Eitel,《FENG SHUI. Die Urspruenge der Naturwissenschaft in Cinai》,
Gemany, 2015

D. J. Trump,《The Art of the Deal, Ballantinebooks》, New York, 1987

D. J. Trump,《Surviving at the Top》, New York, Randomhouse, 1990

논문

고태우, "백두산과 김일성가계 우상화 실태", in.《북한》, 1991년 1월호, 84-95.

남시욱, "'백두혈통 3대'의 형성과정", in.《북한》, 북한 2011년 5월호, 117-125.

習近平, 〈我是黃土地的儿子〉.

배종호, "풍수지리약설", in.《인문과학 22권》, 연세대학교 인문학연구원, 1969년 12월, 139-166.

유기상, "조선후기 호남파 실학자의 풍수인식과 풍수생활", 전북대학교 박사학위논문, 2016.

풍수, 대한민국

초판 1쇄 2022년 5월 17일

지은이 김두규
펴낸이 서정희
펴낸곳 매경출판㈜
책임편집 서정욱
마케팅 김익겸 이진희 장하라
디자인 김보현 이은설

매경출판㈜
등록 2003년 4월 24일(No. 2-3759)
주소 (04557) 서울시 중구 충무로 2(필동1가) 매일경제 별관 2층 매경출판㈜
홈페이지 www.mkbook.co.kr
전화 02)2000-2634(기획편집) 02)2000-2636(마케팅) 02)2000-2606(구입 문의)
팩스 02)2000-2609 **이메일** publish@mk.co.kr
인쇄 · 제본 ㈜M-print 031)8071-0961
ISBN 979-11-6484-411-1(03300)